英明 田鹏颖 著

新质生产力论

辽宁人民出版社

图书在版编目（CIP）数据

新质生产力论 / 英明，田鹏颖著. -- 沈阳：辽宁
人民出版社，2024. 10. -- ISBN 978-7-205-11343-8

Ⅰ．F120.2

中国国家版本馆 CIP 数据核字第 2024LN7886 号

出版发行：辽宁人民出版社
　　　　　地址：沈阳市和平区十一纬路 25 号　邮编：110003
　　　　　电话：024-23284325（邮　购）　024-23284300（发行部）
　　　　　http://www.lnpph.com.cn
印　　刷：辽宁新华印务有限公司
幅面尺寸：170mm×240mm
印　　张：14.75
字　　数：230千字
出版时间：2024年10月第1版
印刷时间：2024年10月第1次印刷
责任编辑：阎伟萍　孙　雯
装帧设计：马韵蕾
责任校对：吴艳杰
书　　号：ISBN 978-7-205-11343-8

定　　价：78.00元

序　言

　　加快形成和发展新质生产力，是以习近平同志为核心的党中央坚持辩证唯物主义和历史唯物主义世界观和方法论，准确把握世界范围内新一轮科技革命和我国进入新发展阶段的时代脉搏，把握世界先进生产力发展的基本趋势作出的决策部署，体现先进生产力发展的根本要求。新质生产力的提出，标志着马克思主义唯物史观发展史上生产力理论的一次深刻变革。

　　马克思主义认为，生产力是驱动人类社会不断前进与跃升的根本动力源泉，是整个社会存在和发展的物质基石，生产力决定生产关系，生产力与生产关系的矛盾运动决定人类社会的发展。中国共产党始终把"解放和发展生产力"放在重要位置。在改革开放波澜壮阔的四十余年发展历程中，我国凭借土地、劳动力、技术及资本取得了阶段性的显著优势，书写了经济飞速增长与社会和谐稳定的辉煌篇章，创造了可谓是举世瞩目的奇迹。然而，随着时代变迁与国内外发展环境的改变，以传统生产力驱动的发展模式走出的经济发展道路举步维艰，必须要转变发展方式，转向高质量的发展。中国特色社会主义进入新时代，我国经济已从过去单纯追求增长速度，向追求更高品质、更为精细化的高质量发展阶段转变。贯彻新发展理念，推动高质量发展，时至今日我国在经济建设方面已经取得了以往不可比拟的成就，无论是科技创新上，还是城乡区域发展上；无论是全面深化改革上，还是绿色低碳转型上……但当前我国经济发展的态势与挑战，深刻反映了我们在追求高质量发展过程中所面临的复杂性和多维性。例如，关键核心技术"卡脖子"问题突出、扩大居民消费长效机制不健全、重点领域改革还有不少硬骨头、污染物和碳排放总量仍居高位等等。当前逆全球化思潮悄然抬头,单边主义、保护主义显著增强,世界经济复苏乏力,局部地区的冲突与动荡频发,为国际局势增添了更多不确定性与不稳定性,这标志着世界已经步入一个充满挑战与变革的动荡时期。面对这样的形势,确实需要新的生产力理论为我们推动高质量发展、推进中国式现代化、实现中华民族伟大复兴提供更为精准和有力的指导。

新时代新征程,我们正在全面建设社会主义现代化国家的路上砥砺奋进,以中国式现代化全面推进中华民族伟大复兴。纵观人类社会的演进历程,生产力的演进状态深刻映射出人类对于自然界的改造与利用程度,是衡量人类社会发展水平和文明进步程度的显著标志。因此,一个国家要想实现现代化,生产力现代化是基础前提。在以高质量发展奋力推进中国式现代化的当下,新质生产力的提出,科学回答了新时代推进中国式现代化需要发展什么样的生产力、推动高质量发展需要怎样把握其内在要求和重要着力点等重大问题。新质生产力是创新起主导作用,摆脱传统经济增长方式、生产力发展路径,具有高科技、高效能、高质量特征,符合新发展理念的先进生产力质态。它由技术革命性突破、生产要素创新性配置、产业深度转型升级而催生,以劳动者、劳动资料、劳动对象及其优化组合的跃升为基本内涵,以全要素生产率大幅提升为核心标志,特点是创新,关键在质优,本质是先进生产力。这一概念是伟大的中国共产党人站在新的历史方位上,根据当下国家发展的具体实际,把马克思主义政治经济学的基本原理作为坚实的理论支撑,同时紧密结合我国经济发展的最新实践,创造性提出的重要概念。

今天,我们所谈论的新质生产力,它不仅仅是一个概念、一个理论,也是我们这个时代的必然选择,是我们共同努力的方向。它代表着技术、业态模式、管理和制度层面的创新,更是对我们生产、生活、思维方式的变革。作为一个学者，更是新质生产力的建设者，最为宝贵且意义深远的使命便是将深邃思考凝聚为智慧的结晶，以书籍的形式与大家分享。于是便有了《新质生产力论》。

本书从革命论、系统论、过程论、结构论、矛盾论、实践论、方法论、价值论八个方面对"新质生产力"进行了全面探讨和深入论述。立足新科技革命和产业革命的加速演进、实现马克思主义生产力理论的术语革命、推动社会主义生产方式的实践变革是"新质生产力"的革命论；探讨新质生产力的有机构成、各要素的综合集成和多元创新是"新质生产力"的系统论；分析新质生产力不是固定"事物集合体"，而是"过程的集合体"，发展新质生产力是"现在将来进行时"是"新质生产力"的过程论；遵循传统生产力三要素原则，统筹推进教育、科技和人才，释放人才"第一资源"活力是"新质生产力"的结构论；在矛盾中实现与社会发展、与多元产业、与新型生产关系的协调平衡发展是"新质生产力"的矛盾论；立足实践变革，明确发展方向，破除传统陈旧观念是"新质生产力"的实践论；坚持"三个解放"，界定"行为"准则，坚持因地制宜是"新质生产力"的方法论；在引领高质量发展中坚持以人民为中心，在推动中国式现代化中实现人的现代化，在实现民族复兴中实现人的全面发展是"新质生产力"的价值论。这"八论"，既蕴含了新质生产力的生成逻辑和形成机理，又包括了新质生产力的发展路径和价值意蕴；既为我国经济高质量发展提供了有关新质生产力的理论参考，又向世人诠说了新质生产力的世界性意义和全人类价值；既继承发展了马克思主义的科学理论，又为谱写马克思主义中国化时代化的新篇章贡献了力量。

"新质生产力"把人类社会发展的最终决定力量（生产力）同新时代最大的政治（推进中国式现代化）、新时代"最硬的道理"（坚持高质量发展）紧密融合，向我们展示了辩证唯物主义与历史唯物主义的真理光辉以及新时代中国共产党人的理论主动、实践主动和战略主动。认识、理解、把握、发展新质生产力，既关乎新质生产力本身的发展和应用，又关乎其与社会、经济、文化等各方面的融合互动发展；既关乎国家当下的发展，又关乎对国家未来的展望；既关乎我们这一个国家的发展建设，又为世界其他国家，尤其是发展中国家的发展贡献了中国智慧、中国方案、中国力量。

目　录

第一章　革命论

一、立足新科技革命和产业革命的加速演进

新质生产力的发展紧密依托全球化背景下科技革命和产业革命的加速演进。全球科技革命的深入发展正在重塑各国经济格局，推动着新兴技术的快速普及和应用，为全球经济注入了新动能。随着经济转型升级的不断推进，传统产业的增长动能逐渐减弱，推动高质量发展迫切需要发展新质生产力。

（一）科技革命深刻变革的现实要求

恩格斯提出："在马克思看来，科学是一种在历史上起推动作用的、革命的力量。"[1] 新科技革命无疑是当今世界动荡变革期的核心驱动力，正在深刻地改变全球经济、政治、社会和文化的各个层面。

当前，人类社会正处在从第三次工业革命向第四次工业革命的转型过程中。第三次工业革命是信息技术革命，以电子计算机技术的发展和应用为代表，实现了生产生活的自动化、信息化和管理的现代化。这一革命不仅深刻重塑

---

[1] 马克思恩格斯选集：第三卷 [M]. 北京：人民出版社，2012: 1003.

了全球经济格局，还显著改变了国家之间的权力关系。然而，随着科技革命的深入发展，特别是发展移动互联网的过程中，中国逐渐积累了部分优势，并凭借庞大的市场优势和产业应用的成功，逐步具备了在第四次工业革命中占据主导权的机会。随着第四次工业革命的推进，全球科技竞争格局将发生深刻变化。尽管西方发达国家在基础科研和技术创新方面仍然占据领先地位，但中国的快速追赶使得全球科技竞争的天平渐趋平衡。中国不仅在新兴技术领域展现出强大的创新能力，还通过"一带一路"倡议扩大了在全球科技和经济治理中的影响力。未来，中国能否在第四次工业革命中取得更大的成就，关键在于新质生产力发展如何，能否在继续推动科技创新、完善科技生态系统的同时加强国际合作和技术标准的制定。我国需要在技术研发、市场应用、人才培养等方面持续发力，确保在全球科技竞争中保持竞争优势。

发展新质生产力是适应当前科技革命和产业变革的重要举措，具有非常重要的现实意义。习近平总书记指出："数字技术正以新理念、新业态、新模式全面融入人类经济、政治、文化、社会、生态文明建设各领域和全过程，给人类生产生活带来广泛而深刻的影响。"[1] 在数字经济时代，数据已成为关键生产要素和战略性资源，对科技创新和生产的依赖程度日益增加。新兴数字技术的快速发展大幅降低了数据的流通和利用成本，极大地促进了对数据资源价值的发掘和应用。数据资源广泛渗透到经济社会的各个领域，不仅显著提升了生产效率，还通过优化资源配置，减少了传统生产要素的投入。随着越来越多的设备与网络建立连接，数据在生产中的地位越发重要。生产活动对数据的依赖程度不断上升，促使企业和产业更加注重数据驱动的决策和运营方式。与此同时，科学技术的发展也呈现出大科学和定量化的趋势，科学数据正成为创新活动的重要基础，推动技术研发和应用的迭代升级。在这

---

[1] 习近平向 2021 年世界互联网大会乌镇峰会致贺信 [N]. 人民日报，2021-09-27(1).

一背景下，数据逐渐成为企业、产业乃至国家的战略性资源，直接影响着一个国家的长期竞争优势。新质生产力的发展不仅依赖于高效的数据利用能力，还要求在技术研发和应用创新中充分发挥数据的价值。数字化、智能化和网络化技术的深度融合，不仅推动了生产方式的变革，还促进了经济结构的优化升级。此外，随着数字增加值在全球价值链中的比重显著提升，传统依赖低成本劳动要素参与全球竞争的国家和地区将面临新的挑战。因此，发展新质生产力不仅是提高经济效益和竞争力的关键，也是应对全球化竞争格局变化的重要战略。只有积极推进新质生产力的发展，才能在新一轮科技革命和产业变革中占据主动，实现经济的高质量发展。

　　发展新质生产力，特别是在数字技术进步和开放创新深入发展的背景下显得尤为必要。数字技术的迅猛发展，推动了全球范围内的深度"连接"，大大提升了创新资源的流动性和可用性，使得创新要素更加容易获取，从而降低了创新创业的门槛。随着产业组织和社会分工的持续深化，开放式创新模式如众包众创、协同创新、参与式创新等不断涌现，进一步推动了生产力的提升。在这一背景下，新质生产力的发展不仅是技术进步的直接体现，更是产业结构优化和经济转型升级的关键推动力。以用户为中心、多元主体参与的开放式创新模式，正在全球范围内蓬勃发展，这种模式打破了传统的创新壁垒，使创新更加多元化、灵活化，也更加贴近市场需求。通过集聚整合全球范围内的创新资源，企业和组织能够更高效地进行研发活动，提升创新效率。同时，自下而上的创新机制逐渐凸显，传统自上而下的创新模式正被更加灵活、开放的合作模式所取代。研发活动的合作性不断增强，不同国家、企业、科研机构和用户之间的创新合作越来越频繁，这不仅促进了知识的共享和技术的传播，也大大加快了新产品和新技术的开发速度。在这一过程中，创新生态的重要性日益凸显。能否构建良好的创新生态，成为集聚整合创新资源、提高创新效率的关键。良好的创新生态可以为企业和个人提供更好的资源配置、资金支持、技术共享和市场化条件，从而加速新质生产力的形成与发展。这不仅有助于提升国家和地区的全球竞争力，也为经济社会的高质量发展提供了坚实的动力。

（二）我国经济转型升级的内在需求

国家正式开启全面建设社会主义现代化国家的新征程以来，中国式现代化道路越发清晰可见，我国迈向新经济社会形态的新社会转型阶段。[1] 在当今全球化进程加快与科技迅猛发展的时代背景下，经济转型升级已成为各国经济发展的主要方向。对于中国而言，实现高质量发展是国家战略的核心内容，而推动经济转型升级则是实现这一战略的必由之路。具体而言，经济转型升级不仅有助于应对经济增长放缓的挑战，还能为国家长期可持续发展奠定坚实基础。

一是高质量发展的重要着力点便是加快发展新质生产力。长期以来，中国经济增长主要依赖于资源、资本投入的扩展模式。然而，这种粗放型经济增长方式在当前已经遇到"瓶颈"。一方面，劳动力成本的上升和资源环境的约束使得传统的低成本优势逐渐丧失；另一方面，全球市场需求结构的变化对中国经济提出了更高要求。为此，必须通过经济转型升级来摆脱对传统增长模式的依赖，推动经济向创新驱动、技术密集型方向发展，从而实现经济的可持续增长。习近平总书记提出："我们必须牢记高质量发展是新时代的硬道理，完整、准确、全面贯彻新发展理念，把加快建设现代化经济体系、推进高水平科技自立自强、加快构建新发展格局、统筹推进深层次改革和高水平开放、统筹高质量发展和高水平安全等战略任务落实到位，完善推动高

---

[1] 李培林，陈光金，王春光. 社会蓝皮书：2022年中国社会形势分析与预测 [M]. 北京：社会科学文献出版社，2022: 3.

质量发展的考核评价体系，为推动高质量发展打牢基础。"[1] 新质生产力的形成与发展是经济转型升级的重要体现。与传统生产力不同，新质生产力不仅强调物质生产要素的优化配置，更注重知识、技术和人力资本的积累与创新。在新质生产力的驱动下，产业结构将从以劳动密集型为主向技术密集型、知识密集型转变，推动经济结构向更高层次的质量型增长模式迈进。新质生产力要求在产业层面提升新兴产业特别是技术密集型产业的比重与带动力。这不仅能有效缓解传统产业的衰退压力，还能为经济增长注入新的动力。在此过程中，政府的政策引导和支持作用至关重要，通过促进产学研结合、优化产业政策、加大研发投入，可以有效推动新质生产力的形成与发展。在产业内部，技术创新水平的提高尤其是关键核心技术的进步，是推动新质生产力发展的核心动力。通过提高技术创新能力，可以促进产业链的延伸与升级，增强产业的国际竞争力。同时，关键核心技术的突破还能够提升企业的市场话语权，防范产业"卡脖子"风险，为经济的长远发展提供保障。

二是经济结构优化升级是发展新质生产力的内在要求。经济结构直接反映了生产力的布局和资源的配置情况。只有通过经济结构的合理优化，才能为新质生产力的培育提供坚实的基础，并推动经济的高质量发展。促进产业结构的优化升级，是新质生产力发展的重要途径。通过优化经济结构，能够加快传统产业的改造升级，推动其向高附加值和高技术含量方向发展。同时，经济结构的优化还要求大力发展高新技术产业和战略性新兴产业，这些产业代表了生产力发展的新方向，能够有效提升国家的核心竞争力。只有在产业结构上实现质的飞跃，才能为新质生产力的发展提供强大的动力源泉。

产业结构优化升级，抢占全球经济发展的战略制高点。新兴产业属于全球经济发展的新赛道，与传统产业相比，世界各国在这一领域的发展差距相

---

[1]　加快发展新质生产力扎实推进高质量发展 [N]. 人民日报，2024-02-02(1).

对较小。这使得新兴产业成为各国竞相占领的战略制高点，无论是发达国家还是发展中国家都在积极布局。对于中国这样一个正处于工业化中后期的发展中国家而言，发展新兴产业不仅能够缩小与发达国家之间的技术差距，还可以在全球新一轮科技革命和产业变革中抢占先机，赢得战略主动权。与此同时，高新技术产业和战略性新兴产业不断满足国内经济结构调整的需要。中国经济正处于转型升级的关键期，传统经济增长模式已经难以为继，亟须通过发展新兴产业来调整经济结构。新兴产业具有广阔的发展前景和巨大的市场潜力，能够有效吸纳劳动力就业，促进资本、技术等生产要素的优化配置，从而推动经济结构向更加合理和高效的方向发展。习近平总书记强调："必须以满足人民日益增长的美好生活需要为出发点和落脚点，把发展成果不断转化为生活品质，不断增强人民群众的获得感、幸福感、安全感。"[1] 随着国内消费水平的提升和消费结构的升级，新兴产业能够满足人民群众对高品质生活的需求，推动消费升级。

三是消费升级转型要以发展新质生产力为重要抓手。消费升级作为经济发展的重要内生动力，正在推动中国经济结构的深刻转型。随着居民消费需求从注重数量转向追求质量，从生存型消费转向发展型和享受型消费，以及从以物质型消费为主转向以服务型消费为主，消费的升级对生产端提出了更高的要求。这种变化需要新质生产力的有力支撑，以推动产品升级、工艺升级和产业链升级，实现投资与消费的良性互动，促进经济的高质量发展。消费升级对产品质量提出了更高的要求，这需要新质生产力推动产品升级。消费者越来越重视产品的品质、品牌和个性化需求，这要求生产企业不断提高研发能力，利用新技术、新材料和新工艺，推出更高质量、更具市场竞争力的产品。新质生产力推动下，产品升级可以更好地满足消费者的多样化需求，

---

[1] 牢牢把握高质量发展这个首要任务 [N]. 人民日报，2023-03-06(1).

提升市场竞争力，进而带动整个经济体系的优化和升级。工艺升级是实现消费升级的重要手段。随着消费需求的多元化和个性化趋势，传统的生产工艺已无法满足市场需求。这就需要新质生产力引入先进的生产技术和工艺流程，提高生产效率和产品质量。智能制造、数字化工厂等新技术的应用，可以大幅提升生产的灵活性和响应市场的速度。企业能够更快地适应市场变化，满足消费者的多样化需求。产业链升级是实现消费升级的系统性保障。消费升级不仅要求产品本身的提升，还要求整个产业链的协同发展。通过优化产业链结构，提升各环节的技术水平和服务能力，可以有效缩短产品的生产周期，从而更好地适应市场需求的快速变化。产业链升级还能推动上下游企业之间的合作与创新，形成更加紧密、高效的产业生态，为消费升级提供更为坚实的支撑。

（三）技术革命性取得了重大突破

新质生产力作为现代经济发展的核心动力，体现了生产力发展理念、技术、产业体系的全面颠覆性进步。它不仅是经济高质量发展的关键支撑，也是实现经济结构优化升级的重要推动力。随着全球科技革命和产业变革的加速，新质生产力正在深刻改变经济的运行模式和发展路径。

新质生产力的发展理念以创新驱动和绿色发展为核心，这一理念既是对传统生产力发展模式的突破，也是对未来经济可持续发展的回应。传统生产力往往依赖于资源消耗和廉价劳动力，而新质生产力则更加注重知识、技术和人力资本的积累与创新。在这一理念的指导下，创新成为推动经济增长的首要动力。无论是技术创新、产品创新，还是商业模式创新，都是新质生产力发展的重要组成部分。创新驱动的发展理念不仅能够提升企业的竞争力，还能够引领整个产业链的升级和转型，从而实现经济结构的优化。绿色发展则是新质生产力的重要特征之一。在全球气候变化和资源环境压力加大的背景下，绿色低碳已成为未来经济发展的必然选择。新质生产力的发展理念强调环境友好和资源节约，通过推动绿色技术的应用和推广，可以实现经济增长与环境保护的双赢。

新质生产力的发展依赖于主导技术的先进性，特别是关键核心技术的突破。作为新质生产力的重要支撑，技术进步在其中发挥了至关重要的作用。无论是信息技术、人工智能，还是生物技术、新材料技术，这些主导技术的创新都直接影响到新质生产力的形成和发展。在全球竞争日益激烈的今天，掌握关键核心技术已成为国家竞争力的核心要素。新质生产力的发展要求国家和企业必须加大研发投入，提升自主创新能力，特别是在关键核心技术领域实现突破。这不仅有助于提升产业的技术含量和附加值，还能增强在全球产业链中的话语权和主导权。此外，主导技术的先进性还体现在技术的跨领域融合与应用。通过推动技术的跨界整合，可以催生出新的产业形态和商业模式，进一步拓展经济发展的新空间。正如人工智能与制造业的融合，催生了智能制造这一新兴产业，不仅提高了生产效率，还推动了制造业的转型升级。

新质生产力的发展要求整体产业体系的先进性。产业体系的先进性主要体现在产业结构的高端化、智能化和绿色化上。通过优化产业结构，可以提升经济发展的质量和效益，增强国家经济的竞争力和抗风险能力。高端化是指产业链向高附加值环节延伸，推动产业向技术密集型、高附加值方向发展。通过加大对高技术产业和战略性新兴产业的支持力度，可以提升产业的竞争力和抗风险能力，促进经济的可持续发展。智能化是新质生产力的重要标志之一。通过推动数字化、智能化技术的广泛应用，可以提升生产效率和资源利用率，实现产业的转型升级。智能制造、智慧城市、智能交通等都是智能化发展的典型代表，它们不仅提高了经济运行的效率，还改善了人民的生活质量。绿色化则是产业体系先进性的另一重要体现。新质生产力的发展要求产业体系实现绿色转型，通过推广节能环保技术和清洁能源，可以减少资源消耗和环境污染，实现经济发展与环境保护的协调统一。

二、实现马克思主义生产力理论的术语革命

新质生产力的提出，实现了马克思主义生产力理论的术语革命，丰富了生产力理论的内涵。马克思、恩格斯将生产力视为社会发展的基础，习近平总书记在新时代背景下，结合中国高质量发展的要求，创造性地提出了新质生产力的概念。这一概念不仅继承了马克思主义生产力理论的核心思想，还结合了当代科技革命和产业变革，拓展了生产力的内涵。新质生产力体现了马克思主义生产力理论在现代化实践中的新特征和新要求，为马克思主义生产力理论注入了新的时代意义，推动了理论的创新和发展。

（一）不断推进马克思主义中国化时代化的创新成果

解放与发展生产力、建设中国特色社会主义是马克思主义中国化时代化的伟大实践。邓小平曾提出："马克思主义必须是同中国实际相结合的马克思主义，社会主义必须是契合中国实际的有中国特色的社会主义。"[1]简言之，马克思主义需要立足于中国具体实际，形成中国化的马克思主义；社会主义则要符合中国的具体国情，形成具有中国特色的社会主义，意指马克思主义中的社会主义中国化，即中国特色社会主义。在《共产党宣言》一书中，马克思提出要实现人的自由全面发展这一目标，要经历三步走的先后顺序，其中最重要的一步，也是社会主义的根本任务，即发展生产力。首先是"使无产阶级形成为阶级,推翻资产阶级的统治,由无产阶级夺取政权"，接着"使无产阶级上升为统治阶级,争得民主。无产阶级将利用自己的政治统治,一步

---

[1]　邓小平 . 邓小平文选：第三卷 [M]. 北京：人民出版社，1993: 63.

一步地夺取资产阶级的全部资本，把一切生产工具集中在国家即组织成为统治阶级的无产阶级手里"，最后也是至关重要的一步——"尽可能快地增加生产力的总量"[1]。只有持续发展生产力，并不断完善和发展生产关系以适应生产力的要求，才能迅速增加生产力总量，从而为每个人的自由发展提供可靠的物质保障。在这一意义下，最后一步实际上是实现每个人自由发展最终目标的关键保障。

新质生产力是马克思主义时代化的产物。先进科技是新质生产力的核心驱动力，它不仅推动了生产力的发展，还重塑了生产结构和生产形式。传统生产力依赖于机械和手工操作，而新质生产力则依托于科技创新，如人工智能、大数据、物联网等新兴技术，这些技术在劳动资料、劳动对象以及劳动者的技能要求方面带来了全面的变革。新质生产力是以先进科技为基础的，这使得它不同于传统生产力，具有明显的技术主导性。这种主导性体现了时代发展的特质，即生产力发展不再单纯依赖劳动力或自然资源，而是更多依赖科技创新。新质生产力推动生产方式的变革。新质生产力不仅仅是生产力水平的提高，还意味着生产方式的根本性变革。这种变革是全方位的，包括劳动者的技能要求、生产工具的智能化，以及生产过程的自动化和数字化。这些变革符合现代社会对于高效、智能和可持续发展的需求，体现新质生产力与时俱进的特质。可以说，传统生产力的发展是量的积累，而新质生产力的发展是质的飞跃。科技创新使得生产力从传统的模式中脱离出来，形成了与以往截然不同的新形态，这正是新质生产力与传统生产力的根本区别，也是它所体现出的时代特性。随着时代的进步，人们对科技革命和创新驱动的重要性的认识也在不断进步。进入 21 世纪以来，全球及中国整体经济社会和科学技术发展的态势均发生了翻天覆地的变化。早在 2014 年，习近平总书记对科

---

[1] 马克思恩格斯选集：第一卷 [M]. 北京：人民出版社，2012: 421.

学发展与技术创新大势作出了重要研判，即"要发展就必须充分发挥科学技术第一生产力的作用。我们把创新驱动发展战略作为国家重大战略，着力推动工程科技创新，实现从以要素驱动、投资规模驱动发展为主转向以创新驱动发展为主"[1]。习近平总书记的话语凸显了"科学技术是第一生产力"的理论，反映了党在不断思考与应对新科技革命所引发的生产力变革后的影响。

新质生产力是马克思主义中国化的产物。新质生产力的提出，是为了应对中国发展中的实际问题，具有很强的针对性。这一概念是在新时代中国发展的具体实践中，基于马克思主义生产力理论的创新与发展而形成的。新质生产力可以被视为马克思主义中国化的重要产物。这是因为它并非简单地套用马克思主义的生产力理论，而是在中国具体国情和发展需求的基础上，结合新时代的新特征，对生产力理论进行了创造性的转化和发展。马克思主义强调生产力是社会发展的核心动力，但在不同的历史时期和不同的国家，这一动力的具体表现形式和发展路径会有所不同。当前，新科技革命，特别是信息技术、生物技术、新能源技术等领域的突破，正在深刻改变全球经济和社会结构。这场革命不仅推动了生产方式的根本变革，还重新定义了生产力的发展路径。全球化和技术进步推动了国际竞争和合作的格局发生变化。各国纷纷加大对科技创新的投入，力图在全球竞争中占据有利位置。中国在这一背景下，面临着新的机遇和挑战。为了在国际竞争中保持领先，必须紧跟全球科技发展潮流，推动本国经济结构的优化升级。新质生产力正是中国在新时代发展中的具体表现，是马克思主义生产力理论在中国语境中的具体化和本土化。

习近平总书记提出："发展理念是发展行动的先导，是管全局、管根本、管方向、管长远的东西，是发展思路、发展方向、发展着力点的集中体现。"[2]

---

[1] 习近平.让工程科技造福人类、创造未来[N].人民日报，2014-06-04(2).

[2] 习近平.深入理解新发展理念[J].求是，2019(10).

新质生产力的提出，根植于对新时代中国特色社会主义理论体系的创新理解，特别是在新发展阶段、新发展理念和新发展格局等理论认识基础上。新发展理念明确了新质生产力的核心特征，涵盖创新、协调、绿色、开放和共享五大方面。这五大发展理念作为新时代中国社会发展的指导思想，形成了一个有机整体，深刻影响了新质生产力的内涵和特征。根据马克思主义经典理论，生产力是社会进步的根本动力，而生产力的发展不仅依赖于技术进步，还涉及社会经济关系的全面优化和创新。新发展阶段的确立，标志着我国社会主要矛盾发生了变化，发展进入了由高速增长向高质量发展转变的新阶段。在生产力与生产关系这一矛盾体中，生产力的发展必须与生产关系的变化相适应。在新的发展阶段，生产力的提升不仅需要技术和装备的进步，更需要生产关系和经济结构的优化。习近平总书记提出的国内大循环和国内国际双循环相互促进的新发展格局，正是对这一理论要求的实践体现。通过强化国内市场的基础作用，并促进国内国际双循环的相互促进，中国将能够更好地应对国际形势的变化和国内发展的需求，从而推动生产力的质变和跃升。

（二）对马克思主义生产力理论的继承和发展

习近平总书记在深入研究马克思主义经典观点的基础上，结合中国发展的实际情况，提出并发展了"新质生产力"的理论。这一理论是对马克思主义生产力理论的继承和创新发展，体现了马克思主义在当代中国的发展和实践。马克思主义认为，生产力是社会发展的根本动力，生产力的发展决定了社会生产关系的变革。生产力的内涵主要包括劳动者、劳动资料和劳动对象三个要素。在传统的马克思主义理论中，生产力主要是指物质生产力。然而，随着科技进步和社会发展，生产力的内涵也发生了变化。在信息技术革命、人工智能、大数据等新兴技术的推动下，新质生产力应运而生。习近平总书记提出的"新质生产力"概念，正是在这一背景下形成的。新质生产力理论对马克思主义生产力理论的继承和发展，主要体现在以下几个方面：

一是新质生产力范畴的创造性提出。"任何一门理论科学中的每一个新发现——它的实际应用也许还根本无法预见——都使马克思感到衷心喜悦，而当他看到那种对工业、对一般历史发展立即产生革命性影响的发现的时候，他的喜悦就非同寻常了。"[1] 马克思在其理论中深刻指出，"生产力中也包括科学"，"社会劳动生产力，首先是科学的力量"。这一论断揭示了科学技术作为推动生产力发展的关键因素。科学技术不仅是推动生产工具改进的源泉，也是提升劳动者素质和效率的重要手段。正因为科学技术对生产力发展具有至关重要的作用，马克思将其纳入生产力的范畴，视其为推动社会进步的核心力量。基于马克思的这一理论基础，邓小平在改革开放初期，提出了"科学技术是第一生产力"的重要论断。这一论断成为中国改革开放和现代化建设的重要指导思想。邓小平认识到，随着世界科学技术的迅猛发展，只有将科学技术放在经济社会发展的动力支柱的位置，才能加快生产力的发展，增强国家的综合国力，实现国家的现代化目标。在改革开放的伟大实践过程中，中国通过实施科教兴国战略和创新驱动发展战略，推动了科学技术的快速发展。科技进步不仅提升了传统产业的效率和竞争力，还催生了新兴产业的发展，为中国经济的转型升级提供了重要支撑。尤其是在信息技术、人工智能、生物科技等领域的突破，使中国在全球科技竞争中占据了重要地位，也带动了生产力的质的飞跃。"科学技术是第一生产力"这一论断，正是马克思主义生产力理论在中国发展实践中的具体体现和创新发展。它将科学技术这一核心要素提升到前所未有的高度，明确了科技创新对国家发展的战略意义。

二是新质生产力有新的内涵特征。以新促质、以质取新是新质生产力核

---

[1] 马克思恩格斯选集：第三卷 [M]. 北京：人民出版社，2012: 1003.

心思想的简明概述。这一思想在马克思、恩格斯关于生产力理论的三要素——劳动者的劳动能力、劳动资料以及劳动对象的变化中得到了充分体现。首先，劳动者的劳动能力在新质生产力中发生了显著的变化。随着时代的进步，知识、技能和创新能力成为劳动者新的核心竞争力。传统的体力劳动逐渐被脑力劳动所取代，劳动者的素质要求大幅提高。高素质、创新型的劳动者成为推动生产力发展的关键力量，科技知识的掌握和运用成为新质生产力的主要动力。这种变化不仅提升了劳动者的生产效率，也推动了整个社会生产力的质的飞跃。其次，劳动资料在新时代经历了重大的变革。现代科技的发展催生了先进的生产工具和设备，极大地提升了生产效率和精度。例如，自动化设备、智能机器人、信息技术等新型劳动资料，已经成为生产过程中的重要组成部分。这些新型工具不仅改变了传统的生产方式，还推动了生产过程的智能化和高效化，为新质生产力的形成奠定了基础。最后，劳动对象也发生了新的变化。随着科技的进步，劳动对象的内涵扩展到信息、数据和知识等非物质领域。传统的物质生产对象，如自然资源和原材料，依然重要，但越来越多的生产活动围绕信息和数据展开，特别是在信息技术、人工智能和大数据领域。这些新的劳动对象与传统的生产资料相结合，推动了生产力从量的积累到质的飞跃，实现了生产方式的深刻变革。

三是新质生产力发展过程守正创新。新质生产力取代旧的生产力，是社会生产力不断进步和经济发展的必然趋势。正如历史上旧的生产方式不断被新的生产方式所取代一样，新质生产力将在未来逐步成为社会发展的主导力量，并通过培育新兴产业和未来产业，持续挖掘新的经济增长点，成为推动生产力发展的关键力量。新质生产力的发展并不意味着对传统生产力的否定或放弃。相反，传统生产力是新质生产力的重要基础，两者的关系是相互依存、相辅相成的。传统产业不仅关系到国计民生，还在保障产业链、供应链和价值链的安全方面发挥着重要作用。今年全国两会期间，习近平总书记在参加江苏代表团审议时强调："发展新质生产力不是要忽视、放弃传统产业。"[1]在全球经济格局不断调整和国际竞争日趋激烈的背景下，传统工业的重要性不仅没有减弱，反而更加凸显。因此，发展新质生产力必须在继承和发展传统生产力的基础上进行统筹推进。要有效推进新质生产力与传统生产力的协调发展，关键在于实现两者的深度融合和共同提升。新质生产力作为社会发展的新动能，不仅需要依赖自身的创新和发展，还要与传统生产力相结合，通过推动传统产业的改造升级，实现全面的协调发展。两者的融合不仅是产业层面的合作，更是经济结构优化的过程。通过推动传统产业的数字化转型和新兴产业的快速发展，可以实现经济的高质量发展。在这一过程中，政策支持和资源配置至关重要。政府应积极引导新质生产力的创新发展，同时鼓励传统产业的转型升级，为两者的深度融合提供良好的政策环境和市场条件。

（三）深化与发展习近平经济思想

习近平总书记强调："发展新质生产力是推动高质量发展的内在要求和重要着力点，必须继续做好创新这篇大文章，推动新质生产力加快发展。"[2]新质生产力的提出和发展，标志着习近平经济思想在理论和实践层面的进一步深化。这一概念不仅是对马克思主义生产力理论的创新与拓展，也是对中国经济发展新阶段的精准把握。新质生产力强调在新技术、新模式、新业态等驱动下的经济生产方式变革，反映了在全球化、信息化、绿色化背景下，生产力形态与经济发展的新特征。

通过提出和部署新质生产力，习近平总书记为中国经济的高质量发展指

---

[1] 习近平在参加江苏代表团审议时强调因地制宜发展新质生产力 [N]. 人民日报，2024-03-06(1).

[2] 加快发展新质生产力扎实推进高质量发展 [N]. 人民日报，2024-02-02(1).

明了方向，强调了科技创新、数字经济、绿色低碳转型在未来经济发展中的核心作用。这一理念不仅巩固了中国在全球经济中的竞争力，也彰显了对人类命运共同体的深刻认知。新质生产力的阐述和实践，使习近平经济思想更加丰富和立体，展现出其在新时代背景下对马克思主义经济理论的创造性运用与发展，推动了中国特色社会主义经济理论的创新与进步。习近平总书记基于对"生产力是人类社会发展的根本动力，也是一切社会变迁和政治变革的终极原因"的深刻认识，强调"以科技创新推动产业创新，特别是以颠覆性技术和前沿技术催生新产业、新模式、新动能，发展新质生产力"[1]。新质生产力的显著特点是创新，这种创新不仅体现在技术和业态模式的更新上，也涵盖了管理和制度层面的深刻变革。技术创新，如人工智能、区块链，以及大数据分析等，为各行各业注入了新的活力，推动了生产效率的提升和产品质量的提高。同时，业态模式的创新，通过共享经济、平台经济等新模式的兴起，打破了传统的生产和消费格局，带来了更多的商业机会和社会价值。此外，管理创新和制度创新也是新质生产力发展的重要推动力。有效的管理模式和适应时代发展的制度保障，能够进一步激发创新活力，优化资源配置，提升整体经济的运行效率。因此，必须继续做好创新这篇大文章，持续推动技术、业态、管理和制度的全面创新，以加快新质生产力的发展进程，为经济的高质量发展提供强有力的支撑。

大力推进科技创新。新质生产力的崛起是技术革命性突破的直接结果，科技创新在这一过程中扮演着不可或缺的角色。新质生产力不仅推动了生产方式和经济结构的转型，更深刻影响了社会发展的整体方向。在当今时代，科技创新不仅是经济增长的动力源泉，更是社会进步的决定性因素。通过科技创新，我们能够开辟出前所未有的新产业和新模式，这些新兴领域成为经

---

[1]　中央经济工作会议在北京举行 [N]. 人民日报，2023-12-13(1).

济增长的新引擎，带动了整个社会生产力的飞跃式提升。科技创新赋予新质生产力以生命力，使其能够不断更新和发展。原创性和颠覆性科技创新尤其重要，因为它们不仅带来技术层面的进步，更引发了生产关系和社会组织形式的深刻变革。这种变革推动了产业链、供应链的重构，使得资源配置更加高效，社会分工更加精细，经济体系更加具有韧性和适应性。此外，科技创新不仅改变了量，更推动实现质的提升。通过科技的进步，生产过程得以高度智能化和自动化，生产效率显著提高的同时，也降低了资源的消耗和环境的影响，这与可持续发展的理念高度契合。新质生产力的发展壮大，使得经济增长不再依赖于传统的资源和劳动投入，而是更多依靠技术进步和创新能力，这也为应对未来的不确定性提供了更强的保障。

扎实推进体制机制创新。新质生产力的崛起不仅依赖于技术创新的突破，更要求与之相适应的体制机制创新。生产关系的调整与优化是生产力发展的必然要求，而新质生产力的发展则对体制机制提出了更高、更复杂的要求。体制机制创新在此过程中起到了关键性的作用，它不仅是新质生产力发展的保障，更是其不断壮大的催化剂。新质生产力的发展需要一种灵活、高效的体制机制来支持和引导。传统的生产关系和制度安排，往往难以适应快速变化的科技进步和市场需求，容易成为新质生产力发展的阻碍。只有通过全面深化改革，实现体制机制的创新，才能打破这些束缚，激发生产力的潜能。这种创新不仅体现在经济体制的改革上，还包括科技体制、市场机制、企业管理模式等多个层面的创新。这些创新使得资源配置更为高效、要素流动更为顺畅，从而大大提升了新质生产力的培育和发展的效率。此外，新质生产力的发展不仅需要政府的宏观引导，还需要市场的微观调节。政府与市场的协同作用是新质生产力得以形成和发展的基础。体制机制创新在其中扮演着桥梁的角色，它能够有效协调政府的"有形之手"与市场的"无形之手"，使得两者相互配合、相互补充，共同推动新质生产力的发展。通过体制机制的创新，政府能够更加精准地制定政策，引导资源流向新质生产力领域；市场则通过竞争和创新，激发企业的活力，推动技术和模式的不断进步。

三、推动社会主义生产方式的实践变革

新质生产力在推动社会主义生产方式的实践变革中发挥着关键作用，标志着对传统生产方式的重大超越和创新。新质生产力对资本主义生产方式实现了超越，摆脱了传统资本积累和资源消耗的局限性；并通过对生产关系和生产组织的创新，推动了社会主义生产方式的深刻变革，增强了社会主义制度的经济竞争力和可持续发展能力；进而创造出一种新型现代化生产方式，这一方式更加注重科技驱动、效率提升和生态平衡，为社会主义现代化建设提供了强有力的实践支撑。

（一）新质生产力是对资本主义生产方式的超越

新质生产力与资本主义生产力有所区别。新质生产力超越资本主义生产力，标志着生产力发展的质的飞跃，是历史发展的必然趋势。尽管资本主义生产力在其发展过程中表现出了强大的创新力、开创了人类历史的新阶段，并且创造了前所未有的物质财富，但它并不能被称为真正的新质生产力。资本主义生产力的局限性和内在矛盾决定了它终将被更高形式的生产力所取代。

作为无可厚非的事实，资本主义生产力的创新性和变革性确实推动了人类社会的进步。资产阶级通过不断革新生产工具和生产关系，推动了社会的持续变革，使生产力得到了空前的提升。这种不断变革的特性使得资本主义在历史上具有无可辩驳的先进性，它打破了封闭的经济模式，开创了真正的世界历史，推动了全球化进程。然而，这种创新性并不是资本主义的独有特性，而是生产力发展的普遍规律。随着社会的发展，新的生产力形式将继续推动

社会前进，而资本主义生产力的局限性也将日益显现。资本主义生产力虽然具有强大的创新力和财富创造能力，但它的本质是建立在资本对劳动的统治之上的。在资本主义社会中，劳动者被物化为生产工具的一部分，成为资本增值的手段。这种雇佣劳动的性质决定了劳动者的被动性和受控性，限制了生产力进一步发展的可能性。马克思深刻揭示了资本主义社会中"过去"（资本）对"现在"（劳动）的统治，以及这种统治所导致的社会不平等和异化现象。尽管资本主义可以通过改良来缓解这些矛盾，但它无法根本改变劳动者的被剥削地位，也无法解决资本积累与社会需求之间的矛盾。因此，资本主义生产力的历史局限性决定了它不可能成为真正的新质生产力。

真正的新质生产力超越了资本主义生产力的局限性，体现了劳动者从"物质力量"向"自主性力量"的发展趋势。在新质生产力中，劳动者不再是被动的生产工具，而是具有自主性和创造性的主体。随着科技的进步，特别是信息技术、人工智能和新能源的广泛应用，生产力结构正在发生根本性变化。劳动者不再仅仅依赖于物质生产工具，而是通过知识和技能，主导生产过程，成为推动社会进步的主要力量。这种生产力的发展方向预示着未来的生产关系将更加平等和民主，劳动者将在生产活动中发挥更加积极的作用。新质生产力的核心在于科技创新和劳动者主体性的提升，这与资本主义生产力的依赖资本积累和剥削劳动的特性形成鲜明对比。新质生产力强调的是生产力结构的质变，而不是简单的量变。在新质生产力体系中，科技创新和知识经济成为主要的生产力来源，资本的作用被逐步弱化，劳动者的创造性和自主性得到充分发挥。这种生产力模式不仅能够推动社会经济的可持续发展，还能够满足人民对美好生活的向往，实现社会的全面进步。新质生产力的发展不仅超越了资本主义生产力，还为实现社会主义现代化和民族复兴提供了坚实的基础。在社会主义市场经济体制下，通过科技创新和制度创新，发展新质生产力实现社会生产关系的根本变革，消除资本的劣根性，构建更加公平、公正、和谐的社会结构，推动经济、社会和自然的和谐共生。

新质生产力与资本之间的关系既复杂又辩证，两者在中国式现代化进程中相互依存，却又相互制约。资本作为社会主义市场经济中的重要生产要素，具有高度的能动性和活力，在推动新质生产力发展过程中发挥着显著的积极作用。然而，资本的逐利性和潜在的负面影响，也为新质生产力的健康发展带来了一定的挑战。

资本在推动新质生产力发展中的积极作用主要体现在其对资源配置效率的提升和创新驱动的促进作用。在社会主义市场经济体制下，资本通过市场机制引导资源的合理流动和有效配置，推动产业升级和技术进步。资本的介入使得企业能够更快地获取所需的资金，以进行技术研发和创新，从而提升生产力的质量和效益。在中国式现代化的进程中，资本作为推动经济增长的核心动力之一，为科技创新、产业转型和经济高质量发展提供了强大的资金支持和资源保障。然而，资本的逐利性本质决定了其在追求利润最大化的过程中，可能会产生与新质生产力发展目标相悖的行为。《资本论》中揭示了资本的本性，即盲目追求利润的倾向。这种倾向可能导致一些企业为了短期经济利益，忽视长期的技术创新和可持续发展。资本的这种短视行为不仅限制了新质生产力的发展，还可能导致市场上的不公平竞争，进一步加剧了技术进步的阻碍。资本的野蛮生长也可能对新质生产力的发展产生负面影响。资本在追求自身利益最大化的过程中，往往会采取垄断市场、压低劳动力成本、忽视生态环境保护等手段。这些行为不仅对市场秩序和社会公平造成了冲击，还可能对新质生产力的应用产生抑制作用。垄断资本通过控制市场和资源，可能限制新技术和新产品的进入，阻碍新质生产力的发展进程。同时，资本对劳动力成本的压低和对环境保护的忽视，也可能导致社会资源的浪费和环境的恶化，进一步阻碍经济的可持续发展。面对资本逐利性和野蛮生长的潜在风险，必须通过依法规范和引导资本健康发展，确保其在推动新质生产力中的积极作用得以充分发挥。

质言之，新质生产力与资本之间的辩证关系体现了社会主义市场经济中的复杂性和挑战性。资本作为推动新质生产力发展的重要力量，既能激发市场活力和创新动力，也可能因其逐利本性而带来负面影响。"资本主义国家的资本是一种支配性权力，体现了对劳动的剥削关系。社会主义国家的资本分为公有资本和私有资本，公有资本代表的是全体人民的意志和利益，不存在剥削关系；私有资本虽然存在对劳动的剥削，但也是社会主义市场经济的重要组成部分，受到党中央的集中统一领导，在政府的鼓励、支持和引导下有序发展。"[1] 为此，需要在坚持市场化改革的同时，强化对资本的规范和引导，通过制度建设和政策调控，确保资本在推动新质生产力发展中的积极作用得以充分发挥，并防范其潜在的负面影响。只有这样，才能实现经济的高质量发展和中国式现代化的目标，为实现国家整体现代化和民族复兴提供坚实的基础和保障。

（二）新质生产力是对社会主义生产方式的变革

社会主义生产方式的变革，是马克思主义理论在中国式现代化建设中的具体实践，体现了对经济发展、社会进步和人民福祉的综合考虑。党的十八届五中全会提出的创新、协调、绿色、开放、共享五大发展理念，发展至今日形成新发展理念，正是在这一背景下，针对我国生产方式变革的重大理论和实践成果进行的系统总结。这些理念不仅是对马克思主义关于生产方式变革理论的继承和发展，也是对我国社会主义现代化进程中生产方式扬弃过程的深刻反思。

---

[1] 丁晓钦，罗智红. 新时代政治经济学与社会主义生态文明经济 [J]. 政治经济学评论，2023(1).

第一，创新是推动生产方式变革的根本动力。习近平总书记指出："发展新质生产力，必须进一步全面深化改革，形成与之相适应的新型生产关系。"[1] 社会主义生产方式的变革，本质上是生产力发展的结果。随着社会生产力的发展，旧有的生产方式逐渐不能适应经济和社会发展的需求，创新便成为生产方式变革的必然选择。新质生产力通过技术创新催生了全新的产业和市场。人工智能、大数据、云计算等新兴产业不仅带来了巨大的经济效益，也为其他领域的技术创新提供了强有力的支撑。新质生产力还催生管理创新和商业模式的革新。在传统生产力模式下，生产和管理方式相对固化，难以适应快速变化的市场需求。而在新质生产力的驱动下，企业可以利用新技术优化资源配置、提升管理效率，进而探索出新的商业模式。这些新的模式不仅提高了生产效率，也为进一步的创新提供了更多的可能性。新质生产力的持续发展要求不断地进行技术研发和人才培养，这本身也是对创新能力的极大促进。习近平总书记指出，"人才是创新的根基，是创新的核心要素"[2]，"我国要实现高水平科技自立自强，归根结底要靠高水平创新人才"[3]。通过新质生产力的推动，社会各界愈加重视创新环境的营造和创新体系的构建，形成了以创新为核心的经济增长新模式。

第二，协调发展是社会主义生产方式变革的重要内容。习近平总书记指出："协调既是发展手段又是发展目标，同时还是评价发展的标准和尺度。"[4] 生产方式的变革不仅仅局限于生产力的发展，还包括生产关系的调整和完善。

---

[1] 加快发展新质生产力扎实推进高质量发展 [N]. 人民日报，2024-02-02(1).

[2] 加快实施创新驱动发展战略加快推动经济发展方式转变 [N]. 人民日报，2014-08-19(1).

[3] 习近平. 加快建设科技强国 实现高水平科技自立自强 [J]. 求是，2022(9).

[4] 习近平. 深入理解新发展理念 [J]. 求是，2019(10).

协调发展强调的是生产力和生产关系、经济和社会、城乡区域之间的协调统一。新质生产力通过推动经济结构优化和区域协调发展，促进社会的整体平衡与进步。首先，新质生产力以先进技术为基础，推动产业升级和经济结构转型，使得各地区能够根据自身优势发展特色产业，缩小区域差距。其次，新质生产力推动资源的合理配置和可持续利用，通过技术创新减少资源消耗和环境污染，从而实现经济、社会与环境的协调发展。这种可持续的生产方式不仅提升了经济效益，还兼顾了社会效益和生态效益，推动了社会的全面进步。最后，新质生产力还通过提升社会的创新能力和劳动生产率，促进了社会公平和共享发展，确保发展的成果能够惠及更多人群，从而推动社会和谐和长远发展。

第三，绿色发展是社会主义生产方式变革的时代要求。在全球化和工业化加速发展的今天，资源环境的约束日益凸显，传统的生产方式面临着巨大的挑战。绿色发展理念强调在生产方式变革中，必须处理好经济发展与环境保护的关系，走资源节约、环境友好的发展道路。这不仅是对自然资源的合理利用，也是对可持续发展的深刻思考。新质生产力通过技术创新推动绿色发展和生产方式变革，进而推动了社会生产生活方式的绿色转型，智能交通、智慧城市等新模式的推广，促进了整个社会向绿色、可持续方向发展。

第四，开放发展是社会主义生产方式变革的必然趋势。开放不仅意味着对外开放，还包括国内市场的开放和制度创新。新质生产力推动了产业结构的优化升级，增强了我国在国际市场中的竞争力。通过智能制造和高端技术产业的发展，我国在全球供应链中的影响力日益增强，为进一步深化对外开放创造了有利条件。这些新兴产业不仅促进了国内经济的转型，还带动了国际合作和技术交流，推动了更深层次的开放。新质生产力还推动了制度创新，促进了市场环境的开放与完善。通过技术手段优化政府监管和服务，提升了市场运行的效率和透明度，为吸引外资和国际合作提供了更好的环境。

第五，共享发展是社会主义生产方式变革的最终目标。马克思主义强调生产方式的变革最终是为了实现全社会的共同富裕。共享发展理念要求在生产方式变革的过程中，注重社会公平，推动公共资源的均衡配置，使发展成果惠及全体人民。这一理念不仅是对社会主义本质的坚守，也是对改革开放以来发展实践的深刻总结。通过共享发展，新质生产力的红利能够最大限度地惠及广大人民群众，进而增强社会凝聚力和人民的幸福感。

总之，五大发展理念是对社会主义生产方式变革的系统总结和理论升华。它们不仅反映了我国社会主义现代化建设的客观要求，也揭示了生产方式变革的内在规律。在新发展阶段，贯彻新发展理念，必须将发展新质生产力作为核心任务。新质生产力是推动创新、协调、绿色、开放、共享发展的重要动力源泉。通过技术创新和产业升级，新质生产力推动了经济的高质量发展，促进了社会的全面进步。它不仅在推动绿色转型和环保技术应用中发挥了关键作用，还通过智能化和数字化手段，优化了资源配置，提升了生产效率，为实现可持续发展奠定了坚实基础。同时，新质生产力的不断发展推动了开放格局的深化，增强了我国在全球竞争中的综合实力。因此，在新发展阶段，只有坚定不移地发展新质生产力，才能真正落实新发展理念，推动我国经济社会实现更高质、更高效、更公平、更可持续的发展。

（三）新质生产力创造出新型现代化生产方式

在历史唯物主义视野中，生产力的发展始终是社会变革的根本动力。新质生产力作为现代社会最为先进的生产力形式，在推动形成现代化生产方式和建设现代文明中起到了关键作用。新质生产力不仅仅是技术和工具的进步，更是生产关系和社会结构的深刻变革，为现代化生产方式的形成奠定了基础。

新质生产力促进中国式现代化内涵丰富和形式创新。新质生产力不仅是推动经济发展的重要力量，更在精神层面产生了深远的变革作用。在中国式现代化进程中，新质生产力通过提升生产效率和劳动者素质，促进了物质文明和精神文明的同步发展，成为文化变革的重要推动力。新质生产力推动了文化生产力的解放和发展。在以信息技术、人工智能为代表的新质生产力推动下，文化创作和传播方式发生了深刻变革。数字技术使得文化内容的生产和传播更加高效和多样化，催生了新的文化形式，如数字艺术、虚拟现实体验等。这些新兴文化形式，不仅丰富了人民的精神生活，还推动了文化产业的升级和创新发展。新质生产力促进了劳动者素质的全面提升，这是精神文明发展的关键。随着新质生产力的广泛应用，社会对劳动者能力素质的要求不断提高，教育和培训成为提升劳动者素质的重要手段。这种能力素质的提升，不仅体现在技术技能的进步上，也包括文化素养和社会责任感的增强。这种全方位的素质提升，推动了社会整体文明水平的提高，使得精神文明在现代化进程中占据了更加重要的位置。此外，新质生产力的发展还推动了文化的创新和传承。在中国式现代化进程中，依托新质生产力，我们不断推进"两个结合"。新质生产力赋予了传统文化新的生命力，使其在现代化过程中得以传承和弘扬。同时，通过吸收借鉴世界优秀文明成果，文化的多样性得以发展，使中华文化在全球化背景下焕发出新的活力和影响力。

新质生产力推动实现人的现代化。习近平总书记在《之江新语》一书中曾指出："人，本质上就是文化的人，而不是'物化'的人；是能动的、全面的人，而不是僵化的、'单向度'的人。"[1]中国式现代化本质上是人的现代化。社会现代化的核心目的之一是满足人们的物质生活需要，这是人类发展的基本前提。物质生活的充实和丰富，直接关系到人们的生存质量和幸福

---

[1] 习近平 . 之江新语 [M]. 杭州：浙江人民出版社，2007: 150.

感。要实现社会的全面现代化，必须首先满足人们的生存需要，这包括衣食住行等基本需求的保障，也涵盖了医疗、教育、公共服务等更高层次的需求。随着社会生产力的提升和经济发展水平的提高，物质生活的改善不仅提升了个体的生活质量，也为社会的稳定和持续发展奠定了坚实基础。现代化不仅仅是物质层面的满足，更要关注人们日益增长的精神需求。随着经济的发展和生活水平的提高，人们对精神生活的需求变得更加多样化和复杂化。除了基本的物质保障，人们渴望在精神和文化上得到满足。文化娱乐、思想自由、艺术创造、教育发展等成为现代化进程中人们日益关注的领域。这种精神需求的满足，不仅提高了人们的生活质量，也促进了社会的文化繁荣和思想进步。中国式现代化的本质要求是：坚持中国共产党领导，坚持中国特色社会主义，实现高质量发展，发展全过程人民民主，丰富人民精神世界，实现全体人民共同富裕，促进人与自然和谐共生，推动构建人类命运共同体，创造人类文明新形态。[1] 推进中国式现代化的核心在于人的现代化与自由全面发展，而新质生产力在这一过程中扮演了至关重要的角色。新质生产力的提升不仅促进了经济的高质量发展，也为人的全面发展提供了坚实的基础和广阔的空间。通过科技水平的提升和劳动者能力素质的增强，新质生产力推动了人的社会性潜能的创造性、全面化和个性化发展，从而实现了人的自由全面发展。

新质生产力推动形成更加全面的社会能力体系。从社会发展趋势来看，新质生产力的推动不仅体现在经济层面，也涉及社会结构和人际关系的变革。通过技术的普及和创新，社会各个层面的生产力得到了提升，形成了"普遍的社会物质变换、全面的关系、多方面的需要以及全面的能力的体系"[2]。这

[1] 高举中国特色社会主义伟大旗帜为全面建设社会主义现代化国家而团结奋斗 [N]. 人民日报，2022-10-17(2).

[2] 马克思恩格斯文集：第八卷 [M]. 北京：人民出版社，2009: 52.

种体系的形成，使得社会资源得到了更加合理的配置，人的社会性潜能得以全面释放。劳动者不仅在物质生产中发挥了作用，还在社会关系和文化活动中体现了他们的创造性和个性化需求。社会能力的全面提升，使得个体能够在多方面的发展中实现自我价值，推动了人的自由全面发展。习近平总书记强调："发展新质生产力是推动高质量发展的内在要求和重要着力点，必须继续做好创新这篇大文章，推动新质生产力加快发展。"[1] 在此意义上，建设现代文明不仅仅是物质财富的积累，更是社会结构、文化价值观和生活方式的深刻变革。新质生产力的广泛应用，加速了社会各领域的现代化进程。它推动了社会生产力与生产关系的辩证统一发展，使得生产方式更加适应现代社会的需求，推动社会向更高层次的文明形态演进。通过生产力的提升，人们的生活质量和社会福利得到显著改善，社会的整体文明程度得以提升。

---

[1] 习近平. 发展新质生产力是推动高质量发展的内在要求和重要着力点 [J]. 求是，2024(11).

第二章　系统论

　　系统性、整体性和协同性的观点是马克思主义认识论的核心理念，亦是当代中国马克思主义及 21 世纪马克思主义的基本立场和方法论。以系统观念解析新质生产力，新质生产力并非单一的生产工具，而是一个有机体系，脱离人与自然、人与人、人与社会等多重关联，便无法准确描述新型生产力，无法阐述其中人与自然、人与人、人与社会的复杂交互关系，无法展示新质生产力中科技、教育、文化、人才等多种要素综合集成的创新形态，亦无法深刻理解加快发展新质生产力不仅涵盖科技创新、产业创新，还包含制度创新、管理创新、智力创新等多元创新。

一、新质生产力是一个有机体系

　　马克思的社会有机体理论为我们提供了一个全面而深刻的视角，以探讨新质生产力作为一个有机体系的内在逻辑及其特性。马克思指出："生产力与生产关系及其全部要素是社会有机体的骨骼，包含了社会生活的基本领域。"[1] 在马克思的社会有机体理论中，社会被视为一个有机整体，生

---

[1]　高敏 . 马克思社会有机体思想及其时代价值研究 [D]. 延安：延安大学，2022.

产力和生产关系是社会有机体中的两个基本因素，唯有透彻理解这些基础因素，才能深入理解社会有机体的运作。这一理论强调了社会各要素之间的相互作用和平衡，为构建和谐社会提供了理论基础。在此理论框架下，我们可以从科学技术、新发展理念和高质量发展三个方面来论述新质生产力的有机性。从动力来源看，新质生产力主要以科技创新为驱动力量，体现了有机体的"骨骼"角色。它超越了传统生产力主要依靠大量自然资源、大量劳动力等发展的方式，推动了生产力的发展，为社会有机体提供了结构上的支持和功能上的活力。从发展模式看，新质生产力倡导的是一种低能耗、低投入的发展模式，注重资源节约、环境友好、生态可持续和代际和谐，这与新发展理念相契合，避免了传统生产力的高能耗、高投入和对生态环境的破坏，推动了社会向更加和谐、可持续的方向发展，映射了有机体的"肌肉"系统。从价值目的看，新质生产力是以实现经济建设、政治建设、文化建设、社会建设、生态文明建设"五位一体"总体布局共同发展，强调统筹兼顾当前与长远、国内与国际、发展与安全等多方面因素，追求高质量发展，超越了传统生产力的局限性，反映了有机体的动态循环和相互作用，体现了社会有机体的整体性和协调性。因此，新质生产力与传统生产力相比较，在动力来源、发展模式、价值目的等方面具有鲜明特征。从这个意义上说，新质生产力是一个有机体系，其构建需要科学技术的创新驱动、新发展理念的价值引领和高质量发展的路径指引。通过科学技术、新发展理念和高质量发展的有机结合，可以更好地推动新质生产力的发展，实现社会的全面进步和人的全面发展。

（一）科技创新是新质生产力的动力来源

科技创新作为新质生产力的动力来源，代表了先进生产力的演进方向，是推动社会进步和经济发展的关键因素。习近平总书记强调："科技创新能够催生新产业、新模式、新动能，是发展新质生产力的核心要素。"[1] 其发展动能源自技术革命性突破和生产要素的创新性配置。科技创新不仅是新质生产力的动力源泉，而且是其主导力量。在新一轮科技革命和产业变革中，科技创新能够催生新产业、新模式、新动能，推动生产力向更高级、更先进的质态演进。我国科技创新能力的稳步提高，特别是在载人航天、量子信息、核电技术等领域取得的重大成果，为加快发展新质生产力奠定了坚实基础。马克思在《政治经济学批判大纲》中将科学技术归并为生产力范畴，指出"生产力中也包括科学"[2]，强调了科学技术在生产力发展中的基础性作用。在现代社会，科学技术的创新和应用，已经成为衡量一个国家或地区经济竞争力的关键指标。从工业革命时期的蒸汽机到现代信息技术的飞速发展，每一次科技革命都极大地提高了生产效率，促进了生产力的质的飞跃。科技的进步不仅改变了生产工具和生产方式，还促进了新的生产关系的形成，从而推动了社会结构和经济模式的变革。

科技创新在推动新质生产力方面发挥着关键作用。习近平总书记强调："新质生产力是创新起主导作用"[3]，并强调其本质在于劳动者、劳动工具和劳动对象的优化配置。这个观点不仅符合马克思主义生产力理论的基本规律，也满足了我国当前经济发展的新需求，反映了马克思主义生产力理论与中国经济增长实践的有机结合。生产力的高低取决于生产要素的数量、质量及其组合方式，而新质生产力的实现需要构建新型劳动者、新型劳动工具和新型劳动对象，并实现高效的要素组合结构。科技创新通过推动要素的扩展和优化，

---

[1] 习近平在中共中央政治局第十一次集体学习时强调 加快发展新质生产力 扎实推进高质量发展 [N]. 人民日报，2024-02-02(1).

[2] 卫兴华. 马克思的生产力理论超越了西方经济学 [N]. 人民日报，2017-04-10(7).

[3] 习近平在中共中央政治局第十一次集体学习时强调 加快发展新质生产力 扎实推进高质量发展 [N]. 人民日报，2024-02-02(1).

对这三者产生显著影响，从而为新质生产力的形成提供支持。具体表现为：

一是科技创新促进新型劳动者的全面发展。新质生产力的核心要素是高素质的劳动者，科技创新赋予了劳动者更深层次地理解和改造自然的能力。相较于过去主要依赖重复性简单劳动，生产力的增长主要由劳动力数量驱动的传统生产模式，新质生产力更侧重于劳动者所具备的运用和创新新型劳动工具的能力，以应对新型劳动对象，成为具备创新思维的应用型人才，反映出劳动者素养的显著提升。高素质的劳动者不仅能够掌握和开发更多的生产要素，将新技术应用于传统产业，还能在数字化、智能化的新兴产业环境中展现很强的适应性，具备跨界融合的综合素质，从而不断更新和提升专业技能与知识，以适应技术变革的需求。

二是科技创新引领了劳动资料的革新浪潮。它能够有效应对现有劳动资料在安全性和质量等方面的问题，推动劳动资料向复杂化和多元化的方向发展，从而实现生产力的高级化。劳动资料作为劳动者作用于劳动对象的工具，起到了中介作用，是社会生产力发展水平的重要标志。历史上，劳动资料的演变反映了各个时代的生产水平，例如从农耕时代的铁制工具到信息时代的半自动化机械设备等。每一种劳动资料的创新都是生产力水平迅速提升的直接体现。

三是科技创新显著扩展了劳动对象的范畴。劳动对象指的是在生产活动中，劳动者利用劳动工具进行加工或传递的对象。这些对象可以是实体或非实体的。在传统生产模式下，劳动对象主要是具体的、有形的实体，通常由自然资源和初级加工材料构成。然而，随着科技创新推动的数字化、科技化及智能化等生产技术的发展，劳动对象的定义和范围在生产过程中得到了前所未有的拓展。

四是科技创新还催生了新型组织形态，从而提升了要素组合的效率。新质生产力的要求是在既定要素供给的基础上，通过创新的组织形式来提高要素的使用效率，进而提升产品的质量与数量，以满足新时代人民日益增长的高水平需求。科学技术不仅作为独立的生产要素存在，同时也能够构建与当前生产力水平相适应的生产关系，促进各类生产要素的有效融合。

科技创新驱动新质生产力的产业结构演变。新质生产力的物质载体是产业，现代化产业体系的建设标志着新质生产力的形成。在全球化和信息化的浪潮推动下，新质生产力成为经济社会可持续健康发展的关键引擎。科技创新是新质生产力的核心动力，通过不断突破传统技术的限制，推动新兴产业发展，培育未来产业，构建现代化产业体系，引领经济社会发展的新航向，使产业结构呈现出绿色化、智能化、科技化的特征。一方面，科技成果的产业化推动传统产业向绿色化、智能化转型。新质生产力能够有效解决传统制造业创新能力不足、落后产能过剩、能源消耗巨大的问题。传统产业如煤炭、钢铁、化工等因能耗高、污染重、生产方式落后，在高质量发展阶段出现明显的低端产能过剩问题，亟须与科技创新成果融合升级。习近平总书记指出："发展新质生产力不是忽视、放弃传统产业，要防止一哄而上、泡沫化，也不能搞单一模式。现代化产业体系是在传统产业基础上构建的。"[1] 当前，传统产业通过提供农产品、化石能源等初级产品及其简单加工，持续稳定地推动我国经济发展，在国民经济中起到稳固作用，保障人民的基本生活需求。此外，传统产业对新兴产业具有基础性作用，通过与先进科学技术的融合，传统产业可以升级为新兴产业，如新能源汽车、新材料等。在数字经济中，数据要素需要实体产业作为载体发挥其生产要素的作用，数字化与传统产业相结合，催生产业数字化与数字产业化，展现出强大的竞争力。另一方面，核心技术的突破催生了新兴产业和未来产业。科技创新将引领产业变革，推动一系列新兴产业的出现和未来产业的培育，产业结构显示出以高新技术为

[1] 习近平在参加江苏代表团审议时强调因地制宜发展新质生产力 [N]. 人民日报，2024-03-06(1).

核心的特点。原创性、颠覆性技术的出现将改变社会经济生产方式、产品附加值和商业模式，促进新产品的诞生，激发新需求，从根本上带来高质量的新供给和新需求，形成供需高水平匹配的良性循环。人工智能、量子信息、物联网、元宇宙、人形机器人等关键数字信息技术的突破和相关产业的兴起，将加速经济活动呈现出新产业、新动能、新业态，推动我国迈向高质量发展的新阶段。相较于传统产业，新兴产业正处于成长期，具有发展速度快、市场潜力大等特征，多以高技术含量和高附加值著称，能够带动经济增长，推动我国产业结构转型升级，实现经济高质量与可持续发展。目前，我国在人工智能算法、芯片技术、自动驾驶、新能源、新材料等领域取得了重大突破，并随着人工智能和新能源技术的成熟，衍生出了大数据行业和新能源汽车行业，推动了经济增长。以数字技术为主导的信息通信技术新兴产业将通过数字信息的倍乘扩散效应，在各个生产环节进行赋能，激活产品分配、运输、消费过程，引领其他产业，提升产业链价值。科技创新带来的信息技术、半导体材料、绿色低碳技术为核心的战略性新兴产业和未来产业，标志着新一代科技和产业革命的方向，是我国形成新质生产力和现代化产业体系的关键领域。战略性新兴产业和未来产业的不断发展，将成为新的经济增长极，为高质量发展注入动力，显著提高产业体系的现代化水平。

（二）新发展理念是新质生产力的价值取向

习近平总书记指出："新质生产力是创新起主导作用，摆脱传统经济增长方式、生产力发展路径，具有高科技、高效能、高质量特征，符合新发展理念的先进生产力质态。"[1] 新质生产力以"创新、协调、绿色、开放、共享"

---

[1] 习近平在中共中央政治局第十一次集体学习时强调 加快发展新质生产力 扎实推进高质量发展 [N]. 人民日报，2024-02-02(1).

的系统性生产理念"具象化"为系统观念的思维方式。这意味着，新质生产力之系统化的生产理念，实践性地活化了马克思社会有机体思想，并展现了先进文化引领生产力发展方向的价值诉求。可以说，新质生产力不仅是对传统生产力模式的反思，更是对人类发展的深刻探讨。一方面新质生产力内含着生产理念的发展逻辑，意指新质生产力通过在全社会范围内激发创新活力，形成了一种追求整体优化的思维方式；另一方面，新质生产力内含着生产理念的结果逻辑，即在生态关切的价值取向中，形成了一种追求系统和谐的思维方式。

"生产关系必须与生产力发展要求相适应"，系统性地呈现了新质生产力内含着生产理念的发展逻辑，发展新质生产力是一个庞大而复杂的系统工程，这系统地展示了新型生产力内含着生产理念的发展逻辑。发展新型生产力是一个庞大而复杂的系统工程，因为"现实的社会不是一个固定的晶体，而是一个能够变化并且经常处于变化过程中的有机体"[1]。这表明生产力发展的不同变量和各个环节紧密相连，发展主体各自选择，通过多种因素的"融合创新"形成了一个复杂而有序的经济社会系统。"发展新质生产力，必须进一步全面深化改革，形成与之相适应的新型生产关系。"[2]这从逻辑和事实层面内含了发展新质生产力的一般规律，即它不仅受制于生产要素及其变化的影响，同时也受到特定的生产关系和上层建筑的制约。因此，新质生产力包含了生产理念的发展逻辑，使其在贯彻新发展理念的过程中，实践性地展示了中国化和时代化的马克思主义思维方式及其重要原则。一方面，"创新是驱动发展的首要动力"，新型生产力的系统性生产理念本质上反映了创新逻辑的思

[1] 马克思恩格斯文集：第五卷 [M]. 北京：人民出版社，2009：31-33.

[2] 习近平. 发展新质生产力是高质量发展的内在要求和重要着力点 [J]. 求是，2024(11)：4-6.

维方式。基于创新思维的生产理念，不仅在"通过科技创新引领产业变革，积极培育和发展新型生产力""重视科技创新与产业创新的深度融合"过程中验证了"科技创新与产业发展辩证统一"的实践智慧，还使这种创新性与辩证性的内在规定性成为推动中国实现高质量发展的持续性内生动力。另一方面，新质生产力体现了系统的生产理念，这一理念使得"能动的生活过程"成为一个"协调发展"的系统工程。新质生产力的协调发展内涵，主要体现在产业结构承载和区域结构布局的平衡性协调性。新质生产力注重多维度、多层次的协调推进，既要考虑产业结构的优化升级，又要注重区域发展的均衡性和协同性。此外，在区域结构布局方面，新质生产力强调区域间的协调发展，避免"马太效应"导致的区域发展不平衡现象。通过合理的政策引导和资源配置，促进不同区域之间的优势互补和协同创新，缩小区域发展差距，实现区域经济的整体提升。这不仅有助于提升区域竞争力，还能增强国家经济的整体抗风险能力和可持续发展能力。

在"生态关切"价值驱动下，新质生产力形成了"系统和谐"的思维模式。"新质生产力即绿色生产力"的理念，具体呈现了从传统生产力线性生产产品到新质生产力通过科技创新推动"多元模式"发展的绿色生产理念的升华。传统生产力主要依赖机械、电气和化石能源等动力机制，具有高资源消耗、严重环境污染和不可持续发展的特征。而新质生产力作为绿色生产力，将"生态环境"视为新的"生产对象"，从而将"绿水青山就是金山银山"的理念升华为"构建人与自然生命共同体"的"系统和谐"思维方式。正如习近平总书记所强调："绿色发展是生态文明建设的必然要求，代表了当今科技和产业变革方向，是最有前途的发展领域。"[1] 因此，绿色发展理念不仅明确表

---

[1] 习近平. 为建设世界科技强国而奋斗——在全国科技创新大会、两院院士大会、中国科协第九次全国代表大会上的讲话 [N]. 人民日报，2016-06-01(2).

达了新质生产力的"生态效能"，还合理关注了绿色生产力的"生态价值"，从而构建了新质生产力在整体与局部、整体与环境、人与自然之间的辩证统一的系统思维。其一，新质生产力的生态理念包含了历史唯物主义的整体与局部、整体与环境之间的系统思维。因为整体性原则是系统思维的核心概念，在所有知识领域中使用"整体"或"系统"概念来解决复杂问题。这意味着科学思维方向的根本转变。从战略角度来看，科技创新成为推动新质生产力生态转型的技术支撑，既涉及绿色制造业、绿色服务业、绿色能源产业等"局部"领域，又涵盖绿色循环经济体系、高效生态绿色产业集群等"整体"领域。其二，新质生产力的绿色发展内涵，是对西方现代化理论以及人类发展与环境保护关系的科学反思，蕴含重大理论价值。在马克思主义哲学中，生产力不仅仅是物质财富的创造工具，更是人类社会进步的根本动力。新质生产力通过减少能源消耗和资源浪费，实现了对自然资源的更高效利用，反映了马克思主义中对生产方式变革的期望。这种变革不仅仅是技术层面的创新，更是社会结构和价值观念的深刻转变，体现了人类对自然环境的尊重和保护，推动了人与自然的和谐共生。新质生产力的低能耗、低投入模式是一种对"自然"概念的重新定义。传统生产力往往视自然为取之不尽的资源库，而新质生产力则强调人与自然的和谐共生，倡导一种"敬畏自然"的态度。这种态度不仅表现在技术应用上，更渗透到社会的各个层面，促使人们重新思考人与自然的关系，进而推动社会价值观的转变。

（三）高质量发展是新质生产力的发展路径

高质量发展是新质生产力的战略航标。我国正处在奋进"第二个百年"奋斗目标开局起步的关键时期，以高质量发展全面推进中国式现代化，在百舸争流的时代大潮中抓住机遇、占领先机、赢得优势，牢牢把握竞争和发展的主动权，迫切需要培育壮大战略性新兴产业和未来产业，在激发颠覆性技术和自主创新的同时发掘新型生产要素，创造新型要素的组合，以"新"促"质"、以"质"赋"能"。高质量发展的理念不仅是对经济增长的单一追求，更是一种综合性的战略思维，它要求我们在追求效率与效益的同时，关注发展的全面性与可持续性。新质生产力的形成与发展实质上是对传统发展模式的反思与超越。传统生产力往往注重物质的积累和短期的经济增长，忽视了人与自然、人与社会之间的和谐关系。而新质生产力则强调在发展过程中要保持生态平衡，追求经济效益与社会效益、环境效益的统一，它引导我们从"以物为本"的思维模式，转向"以人为本"的发展理念。新质生产力作为高质量发展的核心，是对传统发展模式的深刻反思与超越，它强调了经济、政治、文化、社会与生态的整体性与协调性，要求我们在追求效率的同时，也注重公平与可持续。只有这样，我们才能在复杂的时代背景下找到适合自身的发展道路，实现真正的高质量发展。这不仅是经济增长的需求，更是对人类未来生存与发展的深刻思考。

在新时代背景下，党中央实施了一系列重要的战略决策和政策部署，以推动高质量发展成为全党全社会的共识和自觉行动。"发展新质生产力是推动高质量发展的内在要求和关键着力点。"[1]新质生产力与高质量发展之间存在着不可分割的紧密联系。从一个方面来看，新质生产力是高质量发展的基础和驱动力，通过提升生产效率、降低生产成本、提高产品质量、促进绿色发展等方式，为高质量发展提供了强有力的支撑。另一个方面，高质量发展是新质生产力的必然需求和显著特征，反过来推动着新质生产力的形成和不断发展。在新时代的背景下，马克思主义生产力理论、发展经济学以及创新理论等，为新质生产力赋能高质量发展提供了坚实的理论基础。马克思主义

---

[1]　习近平. 发展新质生产力是推动高质量发展的内在要求和重要着力点 [J]. 求知，
　　　2024(6)：4-6

生产力理论强调生产力是推动社会进步的根本动力，生产力的发展会直接影响社会经济的各个方面。发展经济学则关注经济增长的质量和结构优化，强调通过技术进步和产业升级实现可持续发展。创新理论则指出，创新是经济增长和社会进步的核心驱动因素，通过不断的技术创新和制度创新，可以推动生产力的提升和经济的高质量发展。

在探讨高质量发展与新质生产力的关系时，需要强调的是，二者的互动不仅仅是理论层面的逻辑推演，更是实践中的具体体现。高质量发展要求我们在生产力的各个环节中注重创新、效率和可持续性，这与新质生产力的核心要素高度契合。

首先，新质生产力作为高质量发展的基石，其核心在于创新驱动。创新不仅是技术层面的革新，更涉及生产方式、管理模式和商业模式的全面变革。创新驱动的新质生产力通过提升科技含量、优化资源配置、加速知识转化等手段，显著提高了生产效率和产品附加值，从而为高质量发展奠定了坚实基础。新时代背景下，数字经济、智能制造、绿色技术等新兴领域的迅猛发展，正是新质生产力在经济体系中的具体体现。

其次，高质量发展要求生产力在环境友好和资源节约方面作出贡献。新质生产力强调绿色发展理念，通过技术进步和管理创新，实现资源的高效利用和环境的可持续发展。这种绿色转型不仅降低了生产对自然资源的依赖和环境的破坏，还促进了生态文明建设和人与自然的和谐共生。高质量发展由此不仅体现在经济指标的提升上，更体现在社会效益和环境效益的综合改善上。

再者，新质生产力的形成离不开制度创新和政策支持。高质量发展需要构建完善的市场机制和政策体系，以保障新质生产力的培育和壮大。政府在此过程中扮演着至关重要的角色，通过制定科学合理的产业政策、创新激励机制、知识产权保护措施等，营造有利于新质生产力发展的良好环境。尤其是在全球科技竞争日益激烈的今天，制定具有前瞻性和适应性的政策措施，能够有效引导和激励企业和科研机构持续创新，从而推动高质量发展。

总之，高质量发展与新质生产力的关系是一种相互促进、相互依存的动态关系。新质生产力为高质量发展提供了坚实的基础和强大的动力，而高质量发展则为新质生产力的形成和发展指明了方向和路径。新时代背景下，我们需要进一步深化对二者关系的认识，从理论和实践的结合上，探索更加有效的发展模式和路径，为全面建设社会主义现代化国家作出应有的贡献。

二、新质生产力各要素综合集成

新质生产力是更高水平的劳动生产力，是在劳动过程中由原创性、颠覆性技术创新与产业创新深度融合所形成的先进生产力质态。不仅如此，新质生产力是生产力三个方面的共同跃升，因此其发展的复杂程度更高、协同范围更广、支持能力更强。首先，新质生产力的发展以劳动的技术生产力为核心，意味着在技术创新的推动下，生产过程中的劳动方式和效率将发生根本性变化。随着人工智能、大数据等新兴技术的不断进步，劳动者的角色也随之转变，知识型劳动者成为生产力提升的主力军。这种转型不仅体现在生产效率的提升上，更在于劳动者的创造力和自主性得以充分发挥，从而推动产品与服务的不断创新，促进生产模式的多样化。其次，新质生产力的发展以劳动的社会生产力为支撑，强调了在新经济形态下，社会关系和协作机制的优化对生产力提升的重要性。劳动不再是个体的孤立行为，而是一个多方参与的过程。通过加强团队合作与跨领域的交流，企业能够形成更具创新性的集体智慧。这样的社会化劳动模式不仅能够激发个体的创造潜能，还能够有效整合不同领域的知识，形成合力，在复杂多变的市场环境中实现资源的高效利用。最后，新质生产力的发展以劳动的自然生产力为前提，强调了可持续发展的重要性。在全球面临资源枯竭和环境污染的背景下，提升自然生产力不仅是对生态环境的负责，更是实现经济长期增长的必然选择。通过技术创新与绿色生产方式的结合，企业能够在保证生产效率的同时，最大限度地减少对自然环境的影响，形成良性循环。因此，新质生产力的实现离不开对自然资源的合理利用和对生态环境的保护，这不仅是生产力发展的必然要求，也是社会进步的重要标志。

（一）以劳动的技术生产力为核心

新质生产力的发展以劳动的技术生产力为核心。新质生产力的发展不是靠劳动力的单一发展和生产资料的单一技术性改造来实现的，它的发展包含了对劳动者、劳动资料和劳动对象质态的全面跃升，而且在这一过程中实现了劳动者技能素养的全面发展。在这种背景下，新质生产力的发展不仅仅是对传统生产力的简单替代，更是对生产关系、生产组织形式及其内在逻辑的深刻变革。

从劳动者的视角来看，新质生产力的发展趋势对劳动者提出了更高层次的综合素质和创新能力的要求。新质生产力的核心在于以知识为驱动的创新机制，这迫使我们重新审视劳动力的本质及其在经济中的价值。伴随着知识经济的持续深化，劳动者的角色已不再单纯局限于"工具的操作者"，而是转变为价值创造的主体，全面参与生产过程的各个环节，包括产品设计、市场反馈，甚至在生产决策中也发挥着重要作用。新质生产力带来的劳动方式变革，促使我们必须重视知识型劳动者的培养与发展。在这一过程中，现有的教育与培训体系亟须与时俱进，以适应快速变化的技术环境和不断演变的产业需求。传统的教育模式已显得无法满足新时代对多元化技能以及创新能力的迫切要求，这就迫使我们需要构建一个更加灵活、多样化和开放的教育体系，以便充分重视跨学科知识的整合，鼓励学生发展批判性思维和创造性问题解决能力。通过这样的教育模式，知识型劳动者能够更好地适应快速变化的技术环境，成为推动新质生产力的关键力量。

劳动资料的更新换代是新质生产力发展的另一个关键因素。传统的生产资料更多地依赖于物质形态的机器和设备，而在新质生产力的框架下，信息技术、自动化系统和智能化设备成为了核心。这些新型的劳动资料不仅提高了生产效率，还极大地改变了生产方式和管理模式。在这种新质生产力的推动下，劳动资料的创新不仅仅是技术层面的革新，更是生产关系和社会结构的深刻变革。首先，信息技术和智能化设备的广泛应用使得生产过程中的信息流动更加迅速和透明，极大地缩短了信息传递的时间。这种高效的信息传递机制使得企业能够及时响应市场变化，提高了市场竞争力。同时，自动化系统和智能化设备的引入减少了对人力劳动的依赖，使得生产过程中对劳动力的需求发生了质的变化，从而引发了劳动力市场的重新配置和劳动力技能结构的调整。另外，随着新质生产力的发展，生产资料的所有权和使用权也在发生变化。传统的生产资料更多地集中在少数资本家的手中，而信息技术和智能化设备的普及使得更多的个体和小型企业有机会参与到生产过程中来，打破了原有的生产资料垄断格局。这种变化不仅促进了生产资料的民主化，也为创新和创业提供了更多的可能性，推动了经济的多元化发展。

劳动对象的质态提升也是新质生产力发展的重要组成部分。在传统生产力模式中，劳动对象多为原材料和基础产品，而在新质生产力体系中，劳动对象往往是高附加值、高技术含量的产品。这种转变不仅提高了产品的市场竞争力，还推动了产业链的延伸和升级。劳动对象质态的提升不仅仅是生产过程中的一次简单转变，更是对生产关系及其背后经济理论的深刻反思。在新质生产力体系中，劳动对象的升级要求我们重新审视劳动价值论，特别是在知识经济背景下，知识和技术的应用已成为决定劳动对象价值的核心要素。这一转变促使我们反思传统劳动分工的界限，推动跨学科、跨领域的合作，形成更加复杂的劳动协作模式。与此同时，劳动对象质态的提升还引发了对资本与劳动关系的再思考。以往，资本主要是指物质和金融资源，而在新质生产力体系中，高技术和创新能力的资本化成为重要趋势。这不仅要求企业在投资决策时考虑技术研发的投入，更要求企业构建知识产权保护机制，以维护其创新成果的市场价值。此外，劳动对象的质态提升对劳动力市场的结构性变化也有深远影响。高技术、高附加值的产品需要的不再是简单的体力劳动者，而是具备创新能力和专业知识的复合型人才。这推动了教育体系的改革与创新，促使高等教育和职业培训更加注重与产业需求的对接，培养适应新质生产力要求的人才。

（二）以劳动的社会生产力为支撑

新质生产力的发展以劳动的社会生产力为支撑。社会生产力是指在社会环境、制度和文化的支持下，劳动者在生产活动中所展示出的潜力和效率。有效的社会生产力是技术生产力得以充分发挥的必要支撑。新质生产力的发展不只是针对物质生产部门分工协作本身的发展，还包含了与知识生产、技术生产等非物质生产部门分工协作的深化。这种科技创新活动同产业活动的更好结合，需要通过对社会分工协作模式的创新性改造，推动劳动的社会生产力的质态跃升来实现。因此，必须通过社会分工协作模式的全局性变革，才能实现各类生产要素的相互促进、相互适应，从而在推动生产要素创新性配置的过程中，形成科学高效利用自然力和科学技术力的社会化大生产体系。新质生产力的发展不仅依赖于传统的物质生产部门，更重要的是强调了知识和技术在现代经济中的核心地位。在当今数字化和信息化迅速发展的时代，知识生产逐渐成为推动社会进步和经济增长的重要动力。知识的创造、传播和应用为生产力的提升提供了新的可能性，使得传统生产方式面临着前所未有的挑战。

为了适应这一转变，必须重构劳动的社会生产力，尤其是在如何将知识生产有效地融入物质生产中，以实现资源的最优配置和效率的最大化。这意味着，企业和组织不仅要关注物质资源的管理，更要注重人力资源和智力资源的开发。通过促进跨学科的合作和创新，形成以知识为基础的新型生产模式，才能适应快速变化的市场需求和技术进步。与此同时，推动新质生产力的发展需要对社会分工协作模式进行深刻的反思和创新。传统的分工模式往往过于强调各部门的独立性，导致信息的孤岛效应和资源的浪费。新质生产力要求我们打破这一壁垒，促进各类生产要素的协同作用。在此过程中，数字技术和互联网的应用应当被充分利用，以实现数据的实时共享和透明化，提升各参与方的互动效率。这种协同的社会分工不仅能提升企业内部的合作效率，还能增强产业链上下游的联动性，形成一个紧密相连的生产网络。在这个网络中，各种资源能够更灵活地流动，知识和技术的转移能够更加顺畅，从而促进整个社会生产力的提升。

此外，政策和制度的支持也是实现新质生产力全面提升的关键因素。在新质生产力的提升过程中，政策和制度的支持不仅是外部环境的构建，更是内生动力的激发。首先，政策的灵活性与适应性至关重要。随着科技的迅猛发展，传统的政策框架可能难以适应新兴产业的特性。因此，政府应当建立动态调整机制，依据市场反馈和技术进步不断优化政策内容，以确保政策能够及时响应新质生产力发展的需求。同时，政策制定还需注重多元化，鼓励各类市场主体参与到新质生产力建设中来，形成良性互动。其次，制度创新是促进新质生产力的重要驱动力。通过建立激励机制，政府可以引导企业加大对研发和创新的投入，提升整体的创新能力。例如，税收优惠政策、科研资金支持等措施可以有效激励企业进行技术创新。此外，政府应当支持知识产权保护制度的完善，增强企业的创新信心，确保其在新质生产力提升过程中的合法权益，从而形成良好的创新生态系统。最后，教育和人才培养是实现新质生产力转型的基础。政府应当推动跨学科、多领域的教育改革，培养具备综合素质和创新能力的人才。同时，鼓励高等院校与科技企业建立长期合作关系，促进知识的有效流动和共享。通过校企合作，学生不仅能够在实践中学习，还能为企业的创新发展提供源源不断的人力支持，从而为新质生产力的全面提升奠定坚实的基础。

（三）以劳动的自然生产力为前提

　　新质生产力的核心还在于对资源利用效率的提升，而这一提升不仅依赖于技术创新，还需要在管理理念和实践中进行深刻变革。传统的资源利用模式往往侧重于短期经济效益，而忽视了长期环境影响。相反，新质生产力倡导全生命周期管理，强调在产品设计阶段考虑资源的可获取性、使用性能及其最终处置。这种全生命周期的视角促使企业在设计和生产过程中更加注重资源的循环利用，推动了生产方式的根本转变。例如，设计可持续产品不仅意味着使用环保材料，还包括为产品延长使用寿命和便于后期回收提供便利，这一过程体现了从源头到终端的系统思维。在市场需求与技术创新的相互作用中，企业的灵活性与敏捷性变得尤为重要。随着消费者环保意识的提升，市场对绿色产品的需求日益增长，企业必须快速响应这一变化。借助大数据和人工智能等技术，企业能够实时监测市场动态，分析消费者偏好，从而调整产品开发策略。这种基于市场反馈的技术创新，不仅能够满足消费者对可持续产品的需求，还能催生出新一轮的创新浪潮，为企业提供竞争优势，同时推动新质生产力的不断升级。

　　新质生产力强调绿色通用技术和绿色专业技术的广泛应用和扩散。新质生产力的一个重要特征在于其具有跨行业、跨领域的普适性和广泛适用性。绿色通用技术和绿色专业技术的推广不是局限于单一企业或产业，而是通过全社会的协同合作，实现技术的共享和普及。这种技术扩散机制，依赖于开放的技术创新平台和强大的技术服务网络，能够迅速将最新的环保技术和生产方法传播到各个角落，形成集体效应，促使社会整体生产力向绿色和可持续方向转型。其次，新质生产力不仅强调技术的普及，更注重技术与生产模式的深度融合。这种融合体现在生产流程的每一个环节，从原材料的选择、生产设备的使用到废弃物的处理，都要体现绿色技术的应用。比如，绿色制造技术可以在生产过程中减少资源消耗和污染排放，而绿色供应链管理则通过优化供应链各环节，实现资源利用的最大化和环境影响的最小化。在这种全方位的技术与生产模式融合中，企业不仅能显著降低生产成本，提高生产效率，还能在市场竞争中占据有利位置，赢得更多消费者的青睐。

新质生产力的发展不仅在于改造和利用自然力，更在于其再生和修复自然力的能力。新质生产力理论的核心在于实现自然力与人类生产活动的双向良性互动，这种互动不仅仅是表现在技术层面的革新，更深层次地体现在生产模式和经济模式的转变。传统生产力主要追求经济效益最大化，往往忽略了对自然环境的破坏和资源的不可再生性，这种线性的资源利用模式导致了环境污染和资源枯竭的问题。而新质生产力则通过引入循环经济和生态经济的理念，强调资源的再生利用和环境修复，从源头上减少资源的浪费和环境的损害。在技术手段上，新质生产力依靠现代科技的进步，特别是生物技术、信息技术和材料科学的发展，来实现对自然力的再生和修复。例如，利用生物修复技术，可以通过选育和应用特定的微生物或植物来修复污染的土壤和水体，从而恢复其生态功能和生产力。而纳米技术的应用则可以提高资源的利用效率，减少资源的消耗和废物的产生。此外，通过循环经济模式，可以实现资源的循环利用，减少废物的产生和资源的浪费。这种生产力形态不仅促进了经济的可持续发展，还为生态环境的保护提供了重要支持，形成了绿色、低碳、循环的发展模式。

三、新质生产力蕴藏多元创新

近年来，全球发展版图呈现"西降东升"态势，部分西方国家畏惧和遏制中国的发展通过"筑墙设垒""脱钩断链"等行径加强对中国的遏制，这种外部干扰与国内有效需求不足等不利因素交织堆叠，导致中国面临较大的经济下行压力。身处困局，创新是破局之法。新质生产力是在原有生产力的基础上，以创新为基调，除了科技创新（核心）这个主引擎外，推动科技创新与制度创新的深度融合尤为重要。科技创新作为新质生产力的核心动力，必须与国家的政策导向、市场需求紧密结合，以提高创新的有效性和针对性。同时，制度创新的保障作用不可忽视，适应新质生产力的制度环境能够为创新活动提供良好的土壤，促进科技成果的转化与应用。此外，管理创新在新质生产力的形成过程中也扮演着重要角色。通过优化管理流程、提升组织效率，企业能够更好地应对市场变化，提升资源配置效率。智力创新则是新质生产力的基础，培养高素质的人才，增强创新能力，确保各类创新要素的有效结合，从而形成强大的内生增长动力。

（一）制度创新

从新质生产力的培育与发展角度来看，技术创新和制度创新都是至关重要的。技术创新是新质生产力的重要驱动因素，而制度创新，即生产关系的变革，则能够为新质生产力及技术创新提供强大支撑。二者形成相互促进、双向正反馈的关系。经济史学家发现，早在技术革命之前，已有若干重要的制度创新出现，其中包括近代会计制度、近代企业制度和近代金融制度。这些制度的出现，对于将纯粹的技术创新转化为具有实际工业推广价值的技术创新具有决定性意义。这一制度主义观点在一定程度上颠覆了长期以来技术决定论者的理论教条，凸显了制度创新的重要性，认为制度创新是适应工业化进程中技术变革的前提条件。若无这些制度层面的创新，单纯的技术变革是无意义的。尽管纯粹的技术变革在工业革命前的历史长河中长期存在，但由于缺乏相应的制度创新作为基础和前提，这些所谓"先进"的科技无法引发工业革命。从历史实际进程来看，并不存在"技术优先于制度"或"制度优先于技术"的单一命题。历史变迁和社会经济发展是一个复杂的过程，任何重大的技术变革和制度创新都是相互融合、互为条件和保障的。一定的技术手段常为制度实施提供基础、条件和保障，而一定的制度安排则为技术创新在社会中的应用和持续发挥作用提供前提和条件。自工业革命以来，专利保护制度在技术创新中的作用已广为人知，而现代企业制度、产权制度、金融制度（包括银行和资本市场）在技术革命、知识传播和科学应用中的决定性作用，正被经济史研究中的大量经验事实所证实。

在探讨技术创新与制度创新之间的双向正反馈机制时，构建这一机制是培育新质生产力的首要任务。通过激励大规模的颠覆性和突破性科技创新，能够有效促进经济增长模式的转型与发展动能的转换。同时，系统性的制度创新为新质生产力的形成提供了坚实的制度保障和良好的发展环境，进而推动生产力在更广泛的行业和领域内的扩展。技术进步驱动制度变革，而制度创新又进一步激励更深层次和更广泛的技术转型。具体而言，从制度创新的视角出发，优化产业营商环境是一个关键且切实可行的切入点。提升营商环境的质量，不仅能够显著推动地方政府治理体系的创新，还能促进国家治理模式的整体革新。这一双向互动不仅增强了新质生产力的内生动力，也为经济的可持续发展奠定了坚实基础。产业营商环境的优化旨在促进企业创新，为企业提供一个宽松的创新氛围，给予有力的激励，并降低技术创新的成本，从而推动区域产业结构的升级与优化，促进地方经济增长动能的转变。党的十九届五中全会明确提出"强化企业创新主体地位，促进各类创新要素向企业集聚"[1]，首次将企业视为创新的主体。党的二十大则进一步强调"强化企业科技创新主体地位，发挥科技型骨干企业的引领支撑作用，营造有利于科技型中小微企业成长的良好环境，推动创新链、产业链、资金链与人才链的深度融合"[2]，并多次提到优化营商环境，强调建设市场化、法治化、国际化的一流营商环境，提出"完善产权保护、市场准入、公平竞争、社会信用等市场经济基础制度，优化营商环境"[3]。企业作为新质生产力发展的关键参与者与推动者，不仅是技术创新的主体，也是推动制度创新的核心动力。因此，支持企业创新不仅是优化营商环境的最终目的，更是政府的重要使命。产业营商环境的优化离不开中国高水平的制度型开放，这为新质生产力的健康发展提供了根本保障。

（二）管理创新

在传统的生产力体系中，通常采用垂直一体化的生产组织结构，这种模式使得管理层级相对固定，权责分明。然而，随着新质生产力的不断演进，企业的运作方式逐渐转向一种网络化与平台化的协作模式。这种新模式强调管理的扁平化与去中心化，使得信息流动更加高效，决策过程更加灵活。在新质生产力的形成与发展过程中，管理创新已成为推动其进步的重要因素。企业通过引入先进的管理理念、方法论及工具，能够有效优化生产流程，提高管理效率，从而更快速地响应市场的变化，增强其市场竞争力。新质生产

---

[1] 新华社.习近平主持召开中央全面深化改革委员会第二十四次会议强调加快建设世界一流企业加强基础学科人才培养 [J].中国人才，2022(3).

[2] 习近平.高举中国特色社会主义伟大旗帜为全面建设社会主义现代化国家而团结奋斗 [M].北京：人民出版社，2022:35.

[3] 习近平.高举中国特色社会主义伟大旗帜为全面建设社会主义现代化国家而团结奋斗 [M].北京：人民出版社，2022:29.

力所带来的管理创新，不是对传统管理模式的简单改良，而是对管理理念和实践的根本性变革。这种变革不仅体现在管理结构的调整，更在于思维方式的转变，使得企业能够在快速变化的市场环境中保持敏捷性与适应性。新质生产力的管理创新主要体现在以下几个方面：

管理模式的网络化与平台化。传统的垂直一体化管理模式强调自上而下的指挥与控制，而新质生产力则倾向于通过网络化的平台实现各个生产单元之间的高效协作。网络化与平台化管理模式允许信息在组织内部自由流动，减少了信息传递的层级障碍和时间延迟，使决策更加迅速和精准。此外，新质生产力的管理模式不仅在结构上实现了网络化与平台化，更在理念上推动了组织文化的转型。通过构建以数据为驱动的决策机制，各级管理者能够实时获取并分析生产环节的相关信息，从而优化资源配置和生产流程。此种信息透明度的提升，促使员工在工作中更具主动性和创造性，形成一种自下而上的创新氛围，激发团队的协作潜能。同时，新质生产力强调灵活性与适应性。在快速变化的市场环境中，企业需要能够迅速响应外部需求的变化。网络化与平台化的管理模式使得企业能够快速调整生产策略和资源配置，形成了动态的适应能力。这种能力不仅体现在技术和产品的更新换代上，还体现在组织结构的灵活调整上，使企业能够在竞争中保持优势。

管理层级的扁平化与去中心化。新质生产力强调减少管理层级，从而缩短决策链条。这种扁平化的管理结构不仅有助于快速响应市场变化，还能激发员工的主动性和创新精神。去中心化管理则通过赋予员工更多决策权和自主权，鼓励基层创新，提升组织的灵活性和适应性。去中心化的管理方式使得企业能够更好地应对复杂多变的市场环境，增强其竞争力。此外，新质生产力的实现还需要配合先进的信息技术与数据分析工具，基于数据驱动进行智能化管理。新质生产力的发展离不开大数据和人工智能技术的支撑。通过引入先进的数据分析工具和算法，企业能够从海量数据中挖掘有价值的信息，优化生产和管理流程。数据驱动的管理模式不仅提高了管理决策的科学性和准确性，还能预测市场趋势和消费者需求，帮助企业制定更加精准的战略规划。在实际操作中，扁平化和去中心化的管理模式也要求企业具备较高的员工素质和团队协作能力。员工不仅需要具备专业技能，还需具备较强的自主学习能力和创新能力。组织可以通过持续的培训和发展计划，提升员工的综合素质，确保其能够胜任新的管理模式带来的挑战。

管理工具和方法的革新。新质生产力的管理创新还体现在工具和方法的革新上。例如，企业可以通过引入敏捷管理、精益生产、6Sigma 等先进管理方法，提升生产和管理的效率与质量。此外，现代信息技术的应用，如 ERP 系统、CRM 系统和项目管理软件等，也为企业管理带来了极大的便利和效率提升。新质生产力的管理创新不仅仅依赖于单一工具或方法的引入，更强调工具与方法的整合和系统性应用。在这一过程中，企业需要构建一个动态适应的管理体系，能够及时响应内外部环境的变化。首先，敏捷管理强调快速响应和持续改进，通过小步快跑的迭代方式，使企业能够在不确定性中灵活调整方向。其次，精益生产注重消除浪费，优化流程，最大限度地提高价值创造效率。6Sigma 则通过严格的数据分析和过程控制，确保产品和服务的质量稳定性。除了这些管理方法，现代信息技术的深度融合也是新质生产力的重要支撑。ERP 系统实现了企业资源的统一管理和高效调配，打破了信息孤岛，使得企业内部各部门的协同更加顺畅。CRM 系统则通过客户数据的分析与管理，帮助企业精准把握市场需求，提高客户满意度和忠诚度。项目管理软件在项目的规划、执行和监控中发挥着不可或缺的作用，确保项目按时按质完成。在新质生产力背景下，管理工具和方法的革新不仅要求技术的先进性，更要求企业具有较高的管理成熟度和变革能力。企业需要培养具有战略眼光和创新思维的管理者，能够充分利用这些工具和方法，推动企业在复杂多变的市场环境中持续发展。

（三）智力创新

新质生产力的形成源于人类在知识创新与知识实践应用方面的创造性转化与实践所产生的现实力量。这种力量的本质在于人类智力的创新及其物质化的现实表现，成为推动社会变革与发展的新兴动力。这一转变不仅标志着人类社会发展进入了一个全新的阶段，即"人脑立地的时代"[1]，还体现了人类在知识经济时代的深刻变革与提升。在这一全新背景下，智力创新不仅是新质生产力的核心驱动力，更是其本质特征的显著体现。智力创新的过程，不仅涵盖了对已有知识的再思考与重构，还包括了新理念的产生与新方法的探索。通过这种创新实践，知识得以转化为生产力，推动社会的全面进步。新质生产力的发展，依赖于科学技术的迅猛进步与人类智慧的不断拓展，这种力量的涌现为社会各个领域带来了深刻的变革，改变了传统的生产方式、组织形式以及价值创造的模式。智力创新在新质生产力的生成过程中，起到了不可或缺的作用。它不仅推动了科技进步与经济增长，还促进了文化的发展与社会结构的优化。在知识经济的背景下，智力成了最为重要的生产要素，影响着资源配置与生产效率的提升。人类通过对知识的不断追求与实践，推动着新质生产力的不断升级与演进。

新质生产力所蕴含的智力创新，体现于知识生成、积累与应用之间的动态循环之中。知识不仅是静态的实体，更是一个不断演变与发展的过程。在这一过程中，个体的智力活动通过学习、探索以及实践，推动了新知识的涌现。同时，知识的应用又反过来促进了新的智力活动的展开，这种相互作用形成了一个持续的循环，从而不断增强人类的创新能力，并推动社会的全面进步。

---

[1] 李本松.新质生产力的中国特色社会主义政治经济学维度探析 [J].甘肃理论学刊，2024(4).

智力创新的范畴已不再局限于某个特定领域，而是展现出跨学科、跨行业的复合特征，进而形成了新质生产力的多样性与复杂性。以互联网技术为例，其普及与应用极大地提升了信息传播与获取的效率，使得知识的交流变得更加迅捷与便捷，从而显著提升了社会整体的生产效率。同时，人工智能技术的迅猛发展，使得大量复杂的劳动任务能够由机器进行替代，进而解放了人类劳动力，使个体能够投身于更加富有创造性与智力含量的工作。这一系列的变革不仅改变了传统劳动的模式，也促进了社会结构的深刻转型，推动了经济的发展和文化的繁荣。在此背景下，知识经济的蓬勃发展越发凸显了新质生产力的重要性。智力创新已成为驱动社会进步的核心动力，其跨越学科与行业的特性，使得不同领域之间的知识交融与合作变得愈加频繁。这种合作不仅催生了新兴产业的形成，也为解决当今社会面临的复杂问题提供了新的思路与方法。

智力创新不仅体现在知识的创造上，还体现在知识的传播和应用上。在智力创新的过程中，知识的传播与应用不仅仅是信息的流动，更是思想的碰撞与交融。信息技术的进步，使得知识的边界变得愈加模糊，传统的学科分界逐渐被打破，跨学科的合作成为常态。这种开放的知识生态系统，促使多元化的视角汇聚，激发出新的创意和解决方案。正是在这样的背景下，智力创新的内涵被不断拓展，涉及的不再仅是简单的知识积累，而是对知识的深度理解与灵活运用。数字化平台的普及不仅改变了知识的传播方式，也重新定义了知识的价值。在信息泛滥的时代，信息的质量与适用性成为决定其价值的关键。数字经济的兴起，互联网的普及，人工智能的广泛应用，都在深刻影响着生产力的形态。这些技术不仅提升了生产效率，更为知识创新开辟了新的路径。通过大数据分析、智能算法等手段，企业和个体能够更精准地识别市场需求和技术趋势，从而实现更具前瞻性的创新。那些能够利用信息技术进行有效筛选与整合的个体与组织，必将成为智力创新的领跑者。

　　智力创新还体现在对传统知识体系的突破和重构。传统知识体系往往具有一定的封闭性和局限性，而新质生产力强调的是知识体系的开放性和包容性。这种开放性不仅体现在知识的获取和应用上，更体现在对知识本身的质疑和重构上。在对传统知识体系的突破与重构中，智力创新不仅仅是对现有知识的简单更新，更是一种深层次的思维方式和认知模式的变革。这种变革要求我们从传统的线性思维模式转向更加复杂和动态的系统思维。系统思维强调事物之间的关联性和互动性，使得我们能够在更广泛的背景下理解问题，从而促进跨学科的合作与整合。在这一过程中，知识的界限逐渐模糊，多个学科的交汇产生出新的知识形态，这不仅是技术进步的推动力，也是社会发展的基础。与此同时，智力创新还蕴含着一种批判性思维的培养。面对快速变化的社会与科技环境，单一的知识体系往往无法应对复杂的现实问题，因此，批判性思维成为智力创新的重要组成部分。通过质疑现有的知识和实践，我们能够更好地识别潜在的问题和挑战，从而推动理论与实践的进一步发展。正是在这种质疑与反思的过程中，新型的知识体系得以逐步形成，进而为社会提供更加灵活和有效的解决方案。

第三章　过程论

　　部分人将新质生产力视为"物的集合体"，一种具象化的"实在"，忽视了其本质；另有一部分人则片面地将新质生产力与社会体系相割裂，误以为"新质生产力"能脱离社会舞台独立演绎；更有在推进新质生产力进程中，倡导急功近利的"跃进"策略，试图以"单一模式"应对所有挑战，此类观点均显偏颇。新质生产力的诞生，实为历史进程与社会进步的共同结晶，它非孤立存在，而是根植于科技浪潮的席卷与产业结构的重塑之中，伴随着信息化、智能化的浪潮，经由人类社会实践的累积而逐渐成形。在这一演进过程中，推动新质生产力的发展，不仅呼唤着突破性的创新思维，更需将其视为一个动态发展的综合体系。即，新质生产力并非一成不变，而是持续经历着蜕变与进化的历程。从人工智能的前沿探索，到工业互联网的深度融合，再到大数据技术的广泛应用，乃至生产关系的重构与社会体制的革新，无一不深刻影响着生产力的演进轨迹。正如恩格斯所深刻阐述的："一个伟大的基本思想，即认为世界不是既成事物的集合体，而是过程的集合体。"[1] 我们应当以全面、发展的视角审视新质生产力，把它看成是一个"过程的集合体"，

---

[1]　马克思恩格斯选集：第四卷 [M]. 北京：人民出版社，1995：244.

促进其在复杂多变的环境中稳健前行。

一、新质生产力不是固定"事物集合体"

在审视新质生产力时，我们应摒弃将其视为静态、固化之物的视角，转而从动态演变的本质出发，将其视作感性人类活动的具体体现与实践的深刻反映，则对其的叙述逻辑实现从对静态"实体"的扁平化描绘向动态"过程"的多维度刻画的转变。新质生产力，本质上是一场永不停歇的运动，涵盖变化、成长、革新与创造的广阔历史画卷，而非仅仅局限于作为静态生产工具的"对象集合"。

（一）新质生产力是"各种物体相联系的总体"

生产力的复杂性体现在其作为系统论的多维框架内，可细致划分为"构成要素—组织结构—功能表现"三大层面进行深入剖析。此系统根植于劳动实践之中，由劳动者、劳动工具（或称生产资料）、劳动对象三大基本要素构成，并通过特定的结构形态（诸如生产单元、企业组织、产业布局等）紧密相连，形成一个旨在改造自然、推动人类社会持续进步的有机统一体。时代的更迭促使生产力系统的构成要素不断丰富其内涵，且要素间的组合结构亦随之变化，从而塑造出适应各自时代的现实生产力面貌，并发挥出相应的功能效应。

当代生产力的新形态——新质生产力系统，正是这一演进的最新成果，它由新型劳动者、创新劳动工具，以及拓展的劳动对象所构成。这些"新型"要素的核心理念围绕智能化、绿色化展开，是新一轮科技革命与产业变革深刻影响下的生产力要素质性飞跃的体现。在产业层面，新质生产力系统的结构展现为现代化产业体系的构建，这一过程涉及传统产业的转型升级，以及未来产业、新兴产业、新兴业态等多元化发展的蓬勃兴起。新质生产力的功能优势，显著体现于通过新型生产要素的整合与现代化产业体系的深化发展，所带来的生产能力质的飞跃与效率的显著提升。这一进程不仅强化了人类改造自然的能力，还促进了人的自由全面发展，进而推动了全人类社会文明的持续进步。因此，新质生产力的发展轨迹，实质上也是发展质量不断提升的轨迹。具体而言，新质生产力系统彰显出强烈的创新驱动、绿色低碳、开放包容以及以人为本的深刻内涵。

在全球化与信息化的时代背景下，生产力的概念不断被赋予新的内涵。传统生产力主要依赖于物质资源的投入与人力劳动的积累，而新质生产力则更加注重技术创新、知识积累与智能应用。新质生产力是指在现代科技条件下，以信息技术、智能技术、新材料技术等为核心驱动力，通过优化资源配置、提高生产效率、创新生产模式等方式，实现经济社会全面发展的生产力形态。它打破了传统生产力的界限，将物理世界与数字世界紧密相连，形成了一个高度集成、智能互联、动态优化的生产系统。新质生产力不仅体现在生产工具的智能化升级上，更体现在生产体系中各种物体之间的高效、协同与智能联系上。作为对传统生产力模式的超越与重构，不仅体现在技术层面的革新，更在于其背后复杂系统间的协同与融合。在这个系统中，各种物体不再是孤立的存在，而是通过先进的技术手段与信息网络紧密相连，共同构成一个高度集成、动态优化的生产与服务体系。因此，将新质生产力视为"各种物体相联系的总体"，不仅是对其形态特征的准确描述，更是对其运行逻辑与发展趋势的深刻洞察。

新质生产力打破了传统生产领域的界限，实现了物理世界与数字世界的深度融合。各种物体，无论是生产设备、原材料，还是信息载体、服务设施，都通过物联网、大数据、云计算等技术手段紧密相连，形成一个高度集成的生产系统。这种高度集成性不仅提高了生产效率，还实现了资源的最大化利用与优化配置。例如,在智能制造领域,通过智能传感器、工业机器人等设备的应用,实现了生产线的自动化与智能化控制,显著提高了生产效率与产品质量。新质生产力中的物体不是简单的机械组合,而是具有感知、学习、决策与优化能力的智能体。它们通过无线网络、云计算平台等实现信息的实时传输与共享,形成了智能互联的生产网络。这种智能互联性不仅增强了生产系统的灵活性与适应性,还促进了生产与服务模式的创新与发展。例如,在智慧城市领域,通过智能交通系统、智能安防系统等的应用,实现了城市管理的智能化与精细化。新质生产力系统是一个持续进化的生态系统。它能够通过实时数据采集与分析,动态调整生产流程、优化资源配置、预测市场趋势等,实现生产过程的精细化管理与高效运行。这种动态优化性不仅提高了生产系统的稳定性与可靠性,还为企业提供了更加精准的市场洞察与决策支持。例如,在智能制造领域,通过工业互联网平台的建设与应用,企业可以实时掌握生产过程中的各项数据指标,为生产决策提供科学依据。

新质生产力的形成与发展离不开先进技术的支撑。这些技术包括物联网、大数据、云计算、人工智能、区块链等前沿技术。它们为物体间的紧密联系提供了可能,也为新质生产力的高效运行提供了有力保障。例如,物联网技术通过智能传感器等设备实现了物体的互联互通;大数据与云计算技术则通过数据的收集、处理与分析为生产决策提供了科学依据;人工智能技术则通过机器学习、深度学习等手段实现了生产过程的智能化控制。数字化基础设施是新质生产力运行的基石。它包括高速网络、数据中心、智能设备等硬件设施以及操作系统、应用软件等软件系统。这些基础设施为数据的收集、传输、处理与分析提供了必要条件,也为新质生产力的广泛应用提供了有力支撑。例如,在智能制造领域,高速网络与智能设备的应用使得生产过程中的各项数据能够实时传输至数据中心进行处理与分析;在智慧城市领域,则通过建设智慧城市大脑等系统实现了城市管理的智能化与精细化。新质生产力的形成与发展还需要创新生态体系的支撑。这个体系包括创新型企业、科研机构、高校、政府部门以及中介服务机构等多元主体的紧密合作与协同创新。它们共同推动技术的研发与应用，促进产业链的整合与升级，为新质生产力的形成与发展提供了源源不断的动力。

（二）新质生产力是"感性的人的活动"

在唯物史观的视野下，人类劳动被视作推动社会前行的根本动力，即首要的生产力源泉。简而言之，人类自身，特别是作为生产力系统中最为关键且充满活力的能动主体——劳动者，是历史车轮滚滚向前的核心驱动力。生产力的持续演进，不可避免地触发了生产关系的深刻变革。每当新的生产力得以掌握，人类的生产方式便随之革新，进而波及并重塑所有的社会关系网络。这一变迁引领着人类活动空间从物理界限的束缚中挣脱，步入一个时空无垠的虚拟疆域，构建了虚实交织的新型社会形态，其中人际关系的脉络也由传统的线性结构转向科技驱动下的非线性复杂网络。

马克思深刻剖析了机器大工业时代劳动的社会化组织形态，将这一过程中劳动者的集体行动喻为"总体工人"。这一概念涵盖了从直接生产者到间接参与生产的科研人员、管理者等所有环节的劳动者，形成了一个高度整合的社会性整体。这一整体内部，简单劳动与复杂劳动、体力劳动与脑力劳动、物质劳动与非物质劳动相互交织，共同构成了生产力的多维结构。新质生产力的出现，标志着"总体工人"的协作水平实现了质的飞跃，内涵亦得到极大丰富。随着知识经济浪潮的涌起、信息技术的飞速进步以及人工智能的突破性应用，知识创造与技术革新成为劳动者的主要任务，这些创新型劳动者作为"总体工人"的核心力量，不仅精通专业技能，还擅长运用新技术解决复杂问题，展现了劳动能力的全面性与创造性。新质生产力的崛起，对于促进人的现代化进程具有不可估量的基础性推动作用。生产力的本质，归根结底，是人类改造客观世界的能力体现，而人类自身能力尤其是创新能力的飞跃，则是生产力提升的最直接源泉。

更高素质的劳动者是新质生产力的第一要素。在生产力体系中，人作为最为活跃且决定性的要素，其知识与技能水平对于新质生产力的发展至关重要。推动新质生产力的进步，急需战略型创新人才，他们不仅站在世界科技前沿，引领创新潮流，还能创造并优化新型生产工具，涵盖在颠覆性科学认知与技术革新领域取得里程碑式成就的顶尖科学家，以及在基础研究与关键核心技术领域贡献卓越的科技领军者与青年才俊。此外，还需培养一批精通新质生产资料应用的专业人才，他们拥有跨领域的知识体系，能够熟练操作新型生产工具，包括杰出的工程师队伍，他们是工程技术领域的中流砥柱，以及以精湛技艺著称的大国工匠，他们是技术工人队伍中的佼佼者。在生产力系统中，人占据着最为核心且充满活力的地位。现代化的核心在于人的现代化，中国式现代化的根本旨归在于实现人的全面发展与自由解放。劳动者的主体意识与创造力，正是培育新质生产力的深厚土壤。因此，提升劳动者的科技素养，促进个人能力与社会生产力的深度融合，成为发展新质生产力的关键一环。从社会发展的长远视角来看，新质生产力的蓬勃发展，将有力促进社会的全面转型，构建起一个物质变换普遍、社会关系广泛、需求多元、能力全面的新体系，进而激发人的社会性潜能向更加创新、全面和个性化的方向发展，为人的自由全面发展铺就坚实道路。

新质生产力的存在植根于历史的必然，其合理运作必然依托于先进的社会制度框架之内。这一质变过程，不仅是力量层面的飞跃性增长，而且更深层次地触及了社会关系的全方位革新。唯物史观始终避免孤立地探讨自然力量的抽象概念，而是强调所有生产力的实质均为社会化的自然潜能。人的本质在社会的镜像中才得以彰显为自然的真实。新质生产力，作为界定社会关系总体格局的关键要素，其孕育与发展根植于中国特色社会主义制度的沃土，并汲取新时代人民集体智慧的甘霖与实践的雨露。据此，要有效运用并驾驭新质生产力，关键在于构建一套既科学严谨又体现人文关怀的制度体系与社会治理模式，确保其能够切实服务于人民的根本福祉，成为推动历史车轮滚滚向前的强大现实动力。新质生产力作为以人民为中心的先进力量，与资本主导的生产力有着根本性区别。唯有坚持人民至上的发展理念，才能确保新质生产力在中国式现代化的伟大征程中发挥最大效能，为构建社会主义现代化强国奠定坚实基础。

（三）新质生产力形成"普遍的社会物质变换"

在马克思主义政治经济学中，生产力作为人类改造自然、征服自然的能力，是推动社会进步的决定性力量。随着时代的变迁，生产力的形态也在不断演进，从传统的劳动密集型到技术密集型，再到如今以科技创新为核心的新质生产力。社会生产力与社会发展的进程紧密相连，互为表里。新质生产力的形成，不仅深刻改变了生产方式、经济结构和产业格局，还促进了"普遍的社会物质变换"，即在全球范围内加速了物质资源的流动、社会联系的扩展和经济活动的变革。它不仅深刻体现于人类社会的交往互动网络之中，更在深层次上揭示了人类在持续与自然世界进行物质交换与能量转换的广阔舞台上所展现出的综合能力集。这一能力集涵盖了生产效能的增强、对自然环境的重塑与适应能力，以及在生产实践中孕育出的创新思维与对自然界的驾驭技巧，共同构成了社会生产力多维度、深层次的内涵。

人类历史轨迹上，每次技术革命均伴随着新技术的涌现、关键生产要素的革新、基础设施的重构及新兴产业的崛起。其本质在于新范式对旧范式的替代性变革，每一次历史浪潮都是新旧范式更替的生动体现。新范式在挑战并重塑既有社会制度框架的同时，也需跨越其限制，吸纳技术革命的精髓，促使社会逐步摒弃旧有范式，接纳新的组织逻辑，从而实现新范式与社会制度框架的和谐共生。技术革命的成功，不仅要求短期内实现创新集群的飞跃，还需满足两大条件：一是技术突破的广泛传播，超越其原生产业的界限，渗透至更广泛的领域；二是旧范式潜能的枯竭，正如信息革命财富创造能力接近饱和之际，往往预示着新技术革命的到来。每一次科技革命都会带来生产力的飞跃，而新质生产力的形成正是这一过程的集中体现。以大数据、人工智能、物联网等为代表的新兴技术，不仅改变了生产工具和生产方式，还深刻影响了生产关系和经济结构。这些技术的广泛应用，使得生产过程中的信息传递更加迅速、准确，资源配置更加高效、合理，从而推动了社会生产力的整体跃升。新质生产力的形成促进了产业链上下游企业之间的紧密协作与信息共享。通过整合产业链资源，实现协同发展，企业能够降低运营成本，提高整体竞争力。同时，新质生产力还推动了制造业与服务业、互联网等其他产业的跨界融合，形成了服务型制造、工业互联网等新业态，为经济发展注入了新的活力。新质生产力的形成加速了全球经济一体化的进程。随着信息技术的普及和跨境贸易的便利化，各国之间的经济联系日益紧密。新质生产力使得商品和服务的流通更加高效、便捷，促进了全球市场的形成和发展。同时，新质生产力还推动了国际分工的深化和细化，使得各国能够根据自身优势参与全球价值链的分工与合作。

新质生产力通过提高生产效率、降低生产成本，使得物质资源得到了更加合理的配置和利用。在信息化、智能化的背景下，企业能够精准把握市场需求，实现按需生产、精准供给，减少了资源浪费和环境污染。同时，新质生产力还推动了循环经济的发展，通过回收再利用等方式实现了资源的循环利用。新质生产力的形成促进了社会联系的普遍化。在信息技术的支持下，人与人之间的沟通交流更加便捷、高效，社会联系不再受地域、时间等因素的限制。这种普遍化的社会联系不仅促进了信息的快速传播和知识的共享，还推动了文化的交流和融合，为构建人类命运共同体提供了有力支撑。新质生产力的形成对经济活动产生了深刻影响。一方面，它推动了传统产业的转型升级和新兴产业的快速发展；另一方面，它也改变了经济活动的组织方式和商业模式。例如，电子商务、互联网金融等新兴业态的兴起，不仅改变了人们的消费习惯，还促进了金融服务的普惠化和便捷化。同时，新质生产力还推动了创新创业的蓬勃发展，为经济增长注入了新的动力。

新质生产力的崛起，不仅是生产力与社会经济层面的深刻转型，更是生产关系与社会制度领域的全面革新。马克思通过"蒸汽机""珍妮纺纱机"等历史案例，阐述了技术进步如何重塑生产力，并揭示了生产力变革如何触发社会关系重构的内在逻辑。具体而言，技术进步通过优化生产要素配置、革新劳动过程，构建了全新的生产方式，从而推动生产力的发展；同时，适应生产力水平的社会关系与制度框架，则成为技术加速应用与生产力飞跃的催化剂；反之，则可能构成技术普及与生产力进步的障碍。技术创新与社会制度变革之间，存在着相互依存、相互驱动的关系，共同推动着社会持续进步与发展。

二、新质生产力本身是"过程的集合体"

新质生产力本身是一个"过程的集合体"，其演进历程本质上是一场持续流动、蜕变与进步的历史长河。这一过程的构建与深化，表现为一种自我超越、内在驱动与螺旋式循环上升的鲜活实践，体现了不断扬弃旧有框架、探索新高度的发展逻辑。

（一）新质生产力是"自我生成"的创新实践

新质生产力作为先进生产力的具体体现形式，是马克思主义生产力理论的中国创新和实践，是基于社会生产力演化发展的巨大提升，是科技创新、交叉、融合、突破所产生的创新成果。新质生产力由技术革命性突破、生产要素创新性配置、产业深度转型升级而催生，是新时代高质量发展要求下继承与超越传统生产力的有许多新特质和丰富内涵的生产力。高质量发展聚焦于科技创新的深化，其核心在于利用科技进步作为先导，驱动经济向更高层次的质量跃升。这一过程标志着经济增长模式由资源密集型、劳动密集型及资本驱动型的"粗放增长"范式，向注重质量提升、结构优化及创新驱动的"集约增长"模式转变。第四次科技浪潮催生了新型生产力，这标志着人类驾驭自然能力实现了质的飞跃。相较于传统生产力的范畴，新型生产力的核心跃迁点在于技术创新的强力推动，促使劳动者与生产资料在本质上发生蜕变。随着这一进程中劳动者素质、劳动手段以及劳动对象的不断演进，三者的协同优化将达到前所未有的高度，引发产业结构的深刻变革，催生新兴产业、业态与商业模式的蓬勃兴起，进而塑造出驱动新时代经济持续繁荣的新动力源泉与竞争优势。

从历史的演进脉络深究，人类社会在漫长的变迁过程中，生产力的面貌经历了从石器、铁器、青铜器的逐步跃进到农业社会向工业社会的深刻转型，持续展现出升级换代的蓬勃活力。18 世纪，以蒸汽机与纺纱机为标志的机器大工业的崛起，引领人类社会迈入了资本主义的新纪元，这一变革深刻重塑了社会结构，促使乡村依附于城市，并奠定了西方相对于东方的优势地位。19 世纪，内燃机与电气技术的革命性突破，催生了新的生产力形态，不仅推动了资本主义向帝国主义阶段的演进，也为社会主义社会的萌芽奠定了坚实的物质基础。进入 20 世纪，计算机技术与原子能等高新科技的迅猛发展，不仅实现了对旧有生产力的根本性超越，更促使生产力的核心要素发生了质的飞跃，科学技术跃居为推动社会进步的首要动力，全球政治经济格局随之演化为"两制并存、时有对抗"的复杂态势。回望过去两个多世纪的全球工业化浪潮，中国曾两度与之擦肩而过，深刻体验了"落后必遭欺凌"的历史教训。

自改革开放以来，我国将科技视为首要生产力，以惊人的速度跨越式发展，用短短数十年时间追平了发达国家上百年的发展历程，力求弥补历史的遗憾。习近平总书记高瞻远瞩地指出，我国的发展路径是独特的"并联式"进程，工业化、信息化、城镇化、农业现代化相互交织、协同推进。为实现社会的跨越式进步，我们必须致力于社会生产力的再次飞跃，以实际行动追回那"失去的两百年"，开创中华民族伟大复兴的新篇章。

从现实维度审视，当今世界正处于"前所未有之大变革时代"，国际体系与秩序正经历深刻重构，与此同时，新一轮科技革命与产业转型浪潮汹涌澎湃。在这一背景下，大数据、云计算、区块链、人工智能、量子计算等前沿技术体系层出不穷，新能源、新材料等关键领域内的颠覆性技术迭代加速，新技术不断赋能传统产业，催生新兴业态，展现出融合渗透、多点开花的强劲态势。高新技术与现代产业的深度融合，正加速孕育着新质生产力的崛起。与此同时，近年来，受全球经济政治格局变动的影响，我国经济发展外部环境趋于复杂多变，国内经济亦步入由高速增长向高质量发展的转型关键期。这一转型期恰与全球科技革命和产业变革的历史性交汇，既带来了前所未有的挑战，也孕育着巨大的发展机遇。在此背景下，准确识变、主动应变，紧抓新一轮科技革命与产业变革的浪潮，有效推动经济实现高质量发展，其核心动力无疑源自新质生产力的强劲支撑。因此，提出并着力发展新质生产力，聚焦于科技创新与新兴产业的引领作用，充分发挥科技创新作为"增长引擎"的效能，不仅是推动我国经济持续健康发展的必由之路，也是赢得国际竞争战略主动、构筑发展新优势的现实选择。

从实践演进的逻辑出发，任何深刻的社会变革均植根于新质生产力的萌芽与壮大，这一过程伴随着新质生产力与既有生产关系之间的张力，构成了社会革命内在矛盾运动的基石。历经社会主义现代化建设的长期探索与实践，我国已迈入中国特色社会主义的新发展阶段，其中，原先生产力滞后的问题虽已显著改善，但发展不平衡、不充分的新矛盾却日益凸显，这背后深刻反映了生产力发展内在的不均衡与不充分问题。近年来，我国科技实力显著跃升，基础研究与原始创新能力取得新突破，战略高技术领域实现跨越式发展，高端产业领域取得重要进展，国防科技创新亦硕果累累。然而，从全局视角审视，我国在某些关键核心技术领域仍受制于外，面向未来产业的科技储备尚显不足，产业链整体处于全球价值链的中低端位置，军事、安全领域的高技术相较发达国家仍存在显著差距，"卡脖子"难题亟待破解。此外，科研成果向实际应用转化的效率有待提高，新兴产业与未来产业的系统化、集群化发展路径尚需优化。尤为关键的是，作为我国经济支柱的制造业，正面临向高端制造转型升级的迫切需求，这一进程的核心驱动力无疑在于科技创新对新质生产力的塑造与推动。因此，我们必须将科技创新置于发展的核心引擎地位，促进新技术向新产业的有效转化，实现生产力在数量与质量上的双重飞跃，即"扬弃式"发展，以此作为推动社会深层次变革的根本途径。

（二）新质生产力是"自我扬弃"的生动实践

马克思主义体系中，生产力理论占据着举足轻重的地位。该理论深刻阐述，生产力不仅是社会物质生活的基石，更是驱动社会变革最为积极与根本的力量，其发展水平构成了评判社会进步的核心标尺。马克思精辟地解析了劳动过程的构成要素，明确了生产力三要素：劳动者、劳动对象与劳动资料。新质生产力，作为传统生产力形态的一次深刻"质变"，不仅沿袭了马克思主义关于生产力三要素的经典框架，更在时代背景下实现了理论的飞跃与创新。它紧密融合了新一轮科技革命、产业转型深化以及数字经济浪潮等时代特色，实现了对马克思主义生产力理论的创造性传承与发展。

新质生产力的诞生并非孤立无依，而是根植于传统生产力的深厚土壤之中，两者并非截然对立、非此即彼的关系。推动新质生产力的形成与发展，并非意味着对传统生产力和产业的简单摒弃，而是一个基于传统生产力积累基础上的质的飞跃过程，体现了从量变到质变的辩证逻辑。新质生产力的兴起，作为对传统生产力的辩证"扬弃"，对于加速我国产业结构的深度调整具有深远意义。它不仅驱动了传统产业的转型升级进程，还积极助力战略性新兴产业与未来产业的孕育与壮大。随着人工智能技术的不断演进与广泛渗透，生产工具正经历从机械化向智能化的深刻转型，这一转变不仅标志着劳动模式的革新，更引领了生产力的跨越式进步。在新质生产力的演进历程中，以互联网技术、大数据分析、云计算能力、人工智能应用等为代表的数字技术日新月异，催生了数据这一新型生产要素的崛起，显著重塑了劳动对象与劳动资料的形态。这一过程不断催生着新型劳动对象与劳动资料的诞生，极大地拓宽了生产力的边界，预示着人类生产力水平将迎来前所未有的提升，为社会进步与发展注入强劲动力。

随着新质生产力的逐步孕育与蓬勃兴起，人类社会已明确迈入了一个以信息、网络、数字化及智能化为核心特征的新科技纪元与科技社会。这一转变深刻表明，传统工业时代的生产关系架构已难以满足新质生产力的发展需求，甚至在某些维度上形成了制约与冲突。中国式现代化进程，其精髓不仅在于科学技术的飞跃，更在于持续促进新质生产力与生产关系之间动态适应与协同进化的现代化实践。

当生产关系能够精准对接并有效支撑新质生产力的发展诉求时，它便成为推动新质生产力飞跃的强大助力；反之，若二者之间存在脱节或错位，则可能构成新质生产力前进道路上的障碍。因此，新质生产力的成长轨迹，本质上呼唤着对旧有生产关系的深刻变革，以及对新型生产关系的积极构建。这一过程中，尤为关键的是要完善生产要素参与收益分配的机制，旨在全面激活劳动、知识、技术、管理、资本及数据等核心要素的潜在动能，确保知识、技术及人才的市场价值得到充分彰显。同时，营造一种既鼓励创新探索又包容失败尝试的社会氛围，对于激发全社会创新活力、加速新质生产力的成熟与应用具有不可估量的价值。综上所述，中国式现代化道路上，促进新质生产力与生产关系的和谐共生，是推动经济社会高质量发展的必由之路。在发展新质生产力的过程中，我们需秉持"先立后破"的原则，避免"未立先破"的短视行为。这意味着既要统筹规划，促进传统产业的优化升级，又要积极培育与壮大新兴产业，前瞻布局未来产业。此过程要求我们从传统生产力的精髓中提炼积极元素，用以滋养新质生产力的成长；同时，运用新技术元素为传统生产力注入活力，促进其实现根本性变革与品质提升。这一过程是动态的、连续的，体现了新旧生产力之间的有机统一与和谐共生。

秉持共享发展理念引领新质生产力的演进，首要任务是坚守其终极愿景——促进人的自由全面发展及人类社会的和谐并进，贯彻一种全民参与、共建共享的生产力发展哲学。作为生产力演进的最新篇章，新质生产力的核心在于将满足民众日益增长的高品质生活需求设为发展的基石，深刻践行人本主义原则，致力于人的价值实现与全民共同富裕的宏伟目标。面对人工智能与数字化的浪潮，我们需积极探索数字经济语境下，创新、协调与共享发展深度融合的新质生产力发展模式。这一探索包含双重维度：一方面，力求在新质生产力的关键技术领域实现创新的重大飞跃，引领科技前沿；另一方面，积极应对并缩小城乡间、社会各阶层间的数字基础设施差距，促进数字技术广泛渗透至各行业、各区域、各社群，确保技术进步的果实能够均衡分配。同时，借助政策性教育与培训体系，强化劳动力技能与数字技术的适应性，使广大民众能充分把握数字经济带来的机遇，确保数字红利广泛而深入地惠及社会各个角落。

高质量发展呼唤新的生产力理论指导，而实践中已经孕育并彰显出推动高质量发展的新质生产力，正以其不可阻挡之势，成为高质量发展的强大引擎与坚实后盾。科技创新被视为推动高质量发展的核心驱动力，自改革开放以来，我国科技领域硕果累累，整体科技实力显著增强，重大科技创新成果频出，为经济持续稳健前行注入了强劲动力。然而，不容忽视的是，我国当前仍面临发展不均衡、不充分等挑战，高质量发展之路尚存诸多障碍与瓶颈，特别是科技创新能力尚待加强。这凸显了新时代背景下，对科技创新能力提出的新高度与紧迫性要求，亟须通过科技进步来破解经济发展中的难题。新质生产力的概念应运而生，它是以科技创新为核心驱动力，旨在实现关键性、颠覆性技术突破的生产力形态。之所以强调高质量发展需依托新质生产力，是因为这类生产力所蕴含的技术革新能够催化传统产业的转型升级，并催生战略性新兴产业与未来产业的蓬勃发展，有效突破技术封锁，弥补产业链短板，进而提升生产效率，优化产品与服务品质，实现从"粗放"到"集约"的经济增长模式转型，与高质量发展的战略目标相契合。

（三）新质生产力是"自我发展"的伟大实践

马克思深刻剖析了资本主义生产方式所蕴含的"自我超越"机制，即生产的社会化进程，并预见了社会生产力的全方位进步将成为孕育新兴需求、社会关系及交往模式的坚实物质基础。新质生产力的兴起，标志着生产社会化迈上了新的台阶。具体而言，新质生产力引领了生产技术的革新与飞跃，广泛普及智能化、信息化的生产设备于各行业之中，进而促进了更为精细的社会分工与高效协作，实现了生产资料和劳动力在更广阔范围内的社会化汇聚，以及规模化生产的高度组织化。这一过程构建了一个既灵活又具韧性的社会生产体系，各生产环节紧密相连，构成一个动态平衡的有机整体，为生产社会化水平的持续健康发展奠定了坚实基础。

近年来，中国在追求快速发展的道路上，凭借后发优势实现了显著的跨越式发展，不仅缩短了与先进国家的差距，更在某些领域实现了超越。对于后发国家而言，关键在于既要正视自身的发展短板，又要敏锐捕捉并充分利用后发优势，这一原则同样适用于新质生产力的培育与壮大。中国作为全球范围内较早洞察并积极推进新一轮科技革命与产业变革的国家，通过高效整合资源、成本、制度及创新等多重优势，有效规避了发展弯路，降低了成本，并抢占了先机。在此过程中，我国尤为重视以人工智能为引领的科技创新，将其作为新质生产力发展的关键突破口。

从社会结构的视角审视，历次产业革命无不伴随着社会形态的显著变迁。新型生产力的蓬勃发展，以及随之涌现的新技术、新业态、新模式，不仅重塑了生产关系的面貌，更深层次地触及并重构了社会关系网络。具体而言，这一变革体现在三个方面：首先，社会互动模式得以强化，社会联结纽带越发紧密。得益于互联网、物联网与人工智能等前沿技术的飞速进步，地理空间的限制被极大削弱，促进了个人间、个人与组织间乃至组织之间的无缝对接与深度交流。其次，个体全面发展路径得以拓宽。个性化服务的兴起，让每个人都能依据自身偏好与需求，享受量身定制的产品、服务乃至教育资源。特别是生成式人工智能技术的应用，能够依据个体特性定制教学计划，并借助虚拟现实技术营造沉浸式学习环境，赋予个体自主选择学习路径、促进个人成长与职业规划的无限可能。最后，创新要素的高效配置推动了社会的均衡发展。技术创新与产业模式的革新，促进了资源在地域间的均衡流动，有效缩减了城乡与区域间的发展鸿沟。同时，这种创新性的资源配置还激发了社会整体的创造力与活力，促使不同领域间跨界融合，形成资源共享、优势互补、共赢发展的良好生态。

人工智能，作为新一轮科技革命与产业变革的核心引擎，正逐步确立其作为未来战略性技术的地位，其深远影响将触及人类社会的每一个角落，彻底改变世界面貌。因此，任何渴望在新一轮国际科技竞赛中占据主导地位的国家，都必须将新一代人工智能提升至国家战略高度进行规划与部署。近年来，中国对人工智能的发展给予了前所未有的重视，从科研投入、技术应用到产业培育等多个维度，出台了一系列政策措施，依托新型举国体制优势，精准选择发展赛道，集中优势力量攻克关键核心技术难题，同时采取边研发边推广的策略，加速重大技术创新成果的试点应用与商业化进程。目前，我国在语音识别、视觉识别等领域已处于世界领先地位，同时在自适应学习、直觉感知、综合推理、混合智能及群体智能等前沿技术上也展现出强劲的跨越发展潜力。此外，中文信息处理、智能监控、生物特征识别、工业机器人、服务机器人及无人驾驶等领域的技术与应用正逐步走向成熟，进入实际应用阶段。然而，在快速发展的同时，我们也应警惕一哄而上、重复建设的风险，注重激发和保护各类创新主体的活力，持续提升科技成果转化效率，通过市场竞争机制优化新兴产业与未来产业的技术发展路径。同时，应秉持开放合作的态度，加强国际科技交流与合作，构建更加广泛、深入、多元的科技合作网络，确保在竞争与合作中实现技术路线的动态调整与深度融合，有效规避技术壁垒，共同推动全球科技进步与发展。

通常而论，并非所有技术革新均能归入新质生产力的范畴，新质生产力所代表的新制造领域，特指新能源、新材料、新医药、新型制造装备与新兴信息技术这五大前沿阵地。尽管这五个"新"字面上独立，实则它们背后的能源、材料、医药、装备制造及信息技术产业，是人类文明长河中绵延五千余年的核心议题，持续驱动着社会的拓展与演进。例如，史前时代以石器与青铜器的使用划分阶段，标志着"材料"与"装备"的初步飞跃；进入农耕文明，铁器的普及与炭火的利用进一步推动了能源与材料的变革；医药领域始终致力于延长人类寿命，其重要性不言而喻；而信息传递，从古代的结绳记事到烽火传信、算盘计算乃至纸张的发明，无一不彰显了信息技术的雏形。时至今日，新制造的发展重心在于战略性新兴产业的战略布局与未来产业的培育孵化。我们需聚焦于新一代信息技术、生物技术、新能源、新材料、高端装备、新能源汽车、绿色环保、航空航天及海洋装备等关键领域，加速核心技术创新与应用转化,强化资源要素支撑,激发产业发展新活力。当前,全球范围内这些领域的进展日新月异,科技进步的速度前所未有,预示着即将涌现的颠覆性产品与技术将深刻改变人类的生产生活方式,引领生产可能性边界实现前所未有的拓展与飞跃。科技创新是新质生产力的关键要素,在数字经济时代,新质生产力具有更强的融合性,体现在电子信息、新能源、新材料、先进制造和先进服务业等领域的"数实融合",即数字经济产业化、产业经济数字化。新质生产力也体现在其与绿色化、低碳化可再生能源的融合,以及对人工智能、数字网络通信技术等新基础设施的依赖。

新质生产力的演进并非孤立于历史长河中的突兀断裂,而应被视为生产力动态演进历程中的一个连续性跃迁。对于新质生产力的理解,我们应摒弃静态、刻板的视角,转而采用一种动态的、多维度的分析框架,将其视为一个不断演化、多面向展现的"过程"体现。目前,新质生产力已在实践中孕育而生,显著地展现了其对于推动经济高质量发展的强大促进力与支撑效能。展望未来,随着历史进程的逐步推进,新质生产力将持续优化升级,在这一漫长的"过程"旅途中,持续为实现高质量的发展提供源源不断、持久稳定的动力源泉。

三、新质生产力发展是"现在将来进行时"

新质生产力的演进态势,乃"现在将来进行时"的鲜活例证,既非"已完成"的定格,亦非"已成过往"的回顾,而是一个内在驱动、不断自我革新与超越的生动实践过程。在这条由新一轮科技革命与产业变革浪潮所驱动的征途上,新质生产力犹如一股奔腾不息的细流,持续向前。

(一)新质生产力是先进生产力的当代发展形态

在马克思对机器化大工业的深刻剖析下,生产力被解构为一个由多元要素交织而成的复杂系统架构,其中蕴含了劳动者、劳动资料、劳动对象等主体、客体及其间的中介机制。先进生产力的核心,即在于这一多元系统及其各个组成部分的全面繁荣与发展。新质生产力的涌现,并非对传统生产力的浅显改良或数量累积,而是构建起一套全新型的生产力要素配置体系,该体系在要素本质、要素间相互作用、由此构建的结构框架,以及该结构所展现的整体效能上,均彰显出前所未有的先进性、创新活力与引领趋势。迈入社会主义新时代,我国经济发展迈入转型升级的关键时期。高质量发展成为时代的主旋律,党中央作出了一系列深远且精准的战略部署。在此全新历史语境下,我们充分利用国内外经济与科技发展的最新契机,以创新驱动为核心,积极推行高质量发展战略,不仅极大地解放和提升了社会生产力,还开创了生产力发展的新纪元,为中国特色社会主义现代化建设及人类文明新形态的构建构筑了强大而稳固的生产力基石。

正如马克思经典理论所阐述,生产力的飞跃总是伴随着对其原有物质基础的超越与重构。当机器生产达到一定阶段,便会挣脱原有框架的束缚,建立起与其自身发展需求相契合的新型经济基础。同理,中国式现代化的稳健前行与最终实现,也必然依赖于更为先进、更为强大的生产力支撑。因此,推动中国式现代化的首要任务,即在于促进并构建起一套适应新时代要求的现代化生产力体系。

马克思揭示了"一般智力"在机器大工业中的形成与发展过程。"一般智力"指的是从劳动过程中独立出来并被广泛应用的智力要素,它既是劳动分工合作的公共智慧结晶,也是知识、科学、技术、信息等智力产物的总和。在资本主义制度下,"一般智力"常受制于资本逻辑,但在社会主义条件下,它则成为推动新质生产力发展的关键因素。在数字化时代,劳动者的劳动方式发生了深刻变化,他们更多地依赖于共建共享的信息网络进行生产活动,而生成式人工智能正引领着新一轮科技革命与产业变革,使"一般智力"的公共化、数字化趋势日益显著。数字素养与技能因此成为劳动者的核心竞争力，新质生产力的"力"也体现为从热能、电能、信息力向"算力"的跃迁，云计算的广泛应用正是"一般智力"新时代的典型展现。新质生产力业已在实际应用中显现，其对高质量发展的推动与支撑作用显著增强。在个人维度上，新质生产力已深度融入我们的日常工作与生活各领域，带来了前所未有的变革。相较于传统生产力模式，新质生产力所蕴含的革命性产品与技术创新，正以前所未有的力度重塑着人类的生产生活方式。一方面，新一代信息技术的蓬勃发展、生命科学技术的持续突破、能源技术的创新应用以及先进制造技术的不断演进，正合力驱动制造业向智能化、服务型、绿色化方向加速转型，构建起一个高效、优质且多样化的供给体系。这一体系不仅丰富了市场上的产品与服务种类，还更好地满足了人民群众日益增长的多元化、高品质消费需求，为实现人民对美好生活的向往奠定了坚实的物质基础。另一方面，新质生产力通过技术创新、管理模式的革新以及组织结构的优化等多重路径，显著提升了劳动生产率，有效减轻了劳动者的体力负担，改善了作业环境，并缩短了必要劳动时间。这一变化促使更多劳动力向研发、高端服务及创意产业等领域转移，进一步释放了人类的创造潜能。同时，人工智能技术的飞速发展，不仅为人类探索世界提供了新颖的认知框架与工具，还催生了新的业态与管理模式，极大地拓展了时间与空间的界限，为人的自由全面发展开辟了新路径，并深刻提升了每个个体的生命价值与存在意义。

新质生产力，作为马克思主义生产力理论在中国土壤与时代背景下的创新演绎，其意义远超越了对传统生产力的单一性跨越，它内在地蕴含了生产力在数量与质量上同步演进的深刻逻辑。具体而言，科技创新作为驱动力，不仅直接促进了生产效率的飞跃，还深刻影响了劳动者、劳动工具及劳动对象间组合的全面升级，这一进程伴随着新技术的广泛渗透、新业态的蓬勃兴起以及新型生产组织模式的不断重塑。在传统产业转型升级的浪潮中，高端化、智能化、绿色化成为显著趋势，这一转型不仅提高了从业者的专业门槛与技能要求，更实现了劳动生产率的显著提升，从而激发了从业人员的创造力与主观能动性。而在新兴产业的广阔视野下，数据等新型生产要素正引领着一系列工作内容创新、工作模式多元化的新产业、新业态的快速发展，催生了诸如人工智能工程师等新兴职业群体，这些新兴职业市场需求强劲，不仅为年青一代开辟了更广阔的职业发展空间与平台，也显著促进了社会整体的高质量就业水平，实现了充分就业与人才价值的双重提升。新质生产力的诞生，标志着生产要素层面发生了根本性、结构性的"质变"，这不仅仅局限于劳动者技能、劳动资料技术、劳动对象性质的直接飞跃，更在于科学技术、信息资源、经济管理模式、人文经济理念等动态要素的深度融合与全面渗透，它们共同作用于生产力系统的每一细微之处，释放出改造世界、推动社会进步的强大现实动力。

（二）新质生产力是生产的科学化趋势的最新成果

马克思敏锐洞察到，自工业革命浪潮席卷以来，生产过程逐渐显露出日益显著的科学化倾向，科学技术跃居为最具颠覆性的生产力构成要素。新质生产力的崛起，正是这一生产科学化趋势的最新里程碑，标志着科技与生产力的深度融合达到了前所未有的高度，它不仅深刻改造了劳动模式与协作机制，还重新塑造了生产力与生产关系矛盾运动的具体形态，即生产方式本身。

新质生产力与战略性新兴产业及未来产业的蓬勃发展紧密相连，它代表着一种科技创新高度密集的生产力形态，其核心驱动力源自原始创新的蓬勃活力，是生产科学化进程中创新潜能得以充分释放的典范。推动新质生产力的发展，意味着智能化、自动化生产设备将传统机械装备逐步置换，而人工智能、大数据、云计算、虚拟现实等前沿技术则在生产过程中扮演起日益关键的驱动与桥梁角色。

　　这一转型不仅显著提升了劳动生产率，更关键的是，它激发了人类潜能中的能动性与创造力，促使生产活动越发依赖于科技素养的普及与集体创新能力的飞跃。因此，新质生产力的发展不仅是技术层面的革新，更是人类生产方式、思维方式乃至社会结构全面进化的重要标志。基于马克思主义唯物史观的视角，社会存在构成了社会生活不可或缺的物质基础，其中，自然地理环境作为这一物质层面的一部分，构成了人类社会存续与进步的先决条件，是支撑人类生产活动与生活实践的天然基石。自然地理条件的优劣，直接关联到劳动生产率的提升，或成为其正向加速器，或构成其发展障碍，进而对社会发展的步伐产生促进或制约的双重效应。习近平同志强调："绿色发展是高质量发展的底色，新质生产力本身就是绿色生产力。"[1] 新质生产力是符合新发展理念、助力高质量发展的绿色生产力。当前，人类社会正步入一个崭新的生产力演进阶段，新一轮科技革命与产业转型正深刻改变着生产力的面貌，促使其实现质的飞跃。这一背景下，我们迫切需要加速经济发展模式的转型升级，以高质量发展为战略导向，以创新驱动为关键路径，力求在尖端科技领域实现突破性进展，引领未来的发展方向。新质生产力的涌现，标志着生产社会化达到了一个崭新的高度。具体而言，它引领了生产技术的革新与飞跃，促使智能化、信息化的生产设备广泛渗透至各行各业，进而促进了社会分工的深化与协作的强化，实现了生产资料和劳动力在更广阔范围内的社会化集聚，以及规模化生产组织形式的优化升级。这一过程不仅增强了生产过程的协同性与灵活性，还构建了一个高效、适应性强的有机生产体系，为生产社会化水平的持续进步奠定了坚实的基础，确保了其发展的可持续性与韧性。

　　在现实维度中，生产力的展现形式是人类基于自身需求，对自然界进行

---

[1]　加快发展新质生产力扎实推进高质量发展 [N]. 人民日报，2024-02-02(1).

利用与改造的特定能力，社会的持续发展与进步正是生产力历经从旧质向新质、从低质到高质的持续迭代、深度融合与催化转变的结果。习近平总书记洞察全球科技革命的浪潮，精准研判中国经济发展态势，牢牢把握中国式现代化发展的战略主动与历史使命，创造性地引入了"新质生产力"的概念。从本质上讲，新质生产力，即代表着一种新质态、高品质的生产力形态，它是对传统生产力的根本性超越，是在科技创新的强劲驱动下，由战略性新兴产业及未来产业孕育出的，具备高度效能与卓越质量，能够高效利用与深刻改造自然的能力。这一新概念不仅引领了新科技革命的主导趋势，是高新技术驱动下的生产力典范；还前瞻性地赋能新产业，紧密依托新兴及未来产业的发展脉络；更旨在服务高品质生活，体现了高质量发展的根本追求。

从理论创新的角度审视，习近平总书记关于新质生产力的论述，深化了马克思生产力质量理论的新质内涵，拓宽了生产力发展理论在要素创新层面的视野，并创新性地发展了生产力进步理论中的水平跃升概念，是马克思主义政治经济学中国化时代化的又一里程碑，开辟了该领域研究的新境界。新质生产力概念的提出，不仅揭示了新时代生产力发展由量变积累向质变突破、进而实现质量并进的崭新趋势，还促进了生产力各要素在质量层面的飞跃，为生产力总体水平的显著提升提供了创新路径。从实践应用的层面来看，新质生产力的核心在于全要素的创新驱动，其载体是现代化的产业体系。它旨在推动高质量发展，凭借其在经济社会发展中的基础性、全局性作用，成为贯穿中国式现代化宏伟蓝图的"关键脉络"。在新时代的新征程上，提出并发展新质生产力，对于以科技创新引领产业升级、构建竞争新优势，积蓄发展新动能、实现中国经济的高质量发展，进而全面推进中国式现代化的宏伟目标，具有不可估量的战略价值。

在科技革命的浪潮中，新质生产力成为主动迎接变革的优选路径，其以卓越的质量、尖端的科技及高效能为核心，不仅革新了生产方式，显著提升了劳动与生产效率，还促进了资源与能源的高效转化，有效遏制了浪费与损耗。面对全球科技创新加速的态势，新一轮科技革命与产业转型浪潮正以前所未有的力量推动世界前行，同时也加剧了国际竞争，带来了全新的挑战。此变革不仅颠覆了传统的创新范式，重构了全球经济版图，更深刻地重塑了物质生产的范式与人类的思维模式。科技创新的持续飞跃，正驱动着生产关系的深刻变革，催生出层出不穷的新技术与颠覆性创新，进而触发产业结构的深度调整与重塑，对社会结构、经济范式乃至价值观念产生了深远影响。在当今全球范围内，科技创新已跃升为国际战略竞争的核心舞台，对科技制高点的争夺达到了前所未有的白热化程度。在此背景下，能够率先实现科技领域的颠覆性突破并催生新兴生产力的国家，将引领全球科技发展的风向标，并牢牢掌握发展的主导权。对于我国而言，着力培育新质生产力，已成为构筑国际竞争优势的关键着力点，它不仅关乎我们在新一轮科技革命与产业变革中的主动地位，更是我们在全球科技创新版图中占据重要席位的重要保障。因此，我们必须以发展新质生产力为基石，依托新技术、新模式与新业态的强大驱动力，积极开辟国家在新科技浪潮和产业转型中的新领域、新赛道，以塑造并巩固我们的竞争优势。

（三）新质生产力是成就现代文明的立体性表达

新质生产力的进步，进一步丰富了中国式现代化的内涵，促进了其形式的多元化创新。它不仅聚焦于提升生产效率，推动物质文明的飞跃，更深刻蕴含了提升劳动者素养与精神境界的深刻意义。在中国式现代化的征途上，我们在壮大物质生产力的同时，亦致力于解放文化生产力，通过"两个结合"的战略部署，即传承中华优秀传统文化与吸纳世界文明精华的有机结合，奋力构建中华民族现代文明的新篇章。新质生产力的不断壮大，为中国式现代化注入了更为丰富的文化元素与更加多元的文化表现形式。

基于历史唯物主义的核心要义，先进生产力构成了现代社会发展不可或缺的驱动力与现代文明繁荣的核心要素。因此，促进先进生产力的发展，乃是人类迈向现代化进程中的普遍法则。新质生产力的形成是提升科技创新能力的过程，包括科学价值创造、技术价值创造、经济价值创造、社会价值创造和文化价值创造的能力。在微观层面，新质生产力表现为新质技术系统、新质生产单元、新质企业组织等；在中观层面，新质生产力表现为新质产业部门、新质产业链、新质产业集群、新质创新网络等；在宏观层面，新质生产力表现为建立在国家创新体系基础上的经济社会新质综合形态。追溯人类文明的演进历程，每一次生产力的根本性飞跃，均深刻重塑了全球创新生态、经济版图与政治架构。大国的崛起历程，无一不是从科技创新的引领者逐步转变为经济繁荣的典范。科技进步作为生产力跃升的核心驱动力，其背后的科技革命与产业革命，是撬动生产力巨大变革的关键杠杆。纵观近现代史，生产力的每一次飞跃式前进，无不与科技革命和产业革命的浪潮紧密相连。例如，葡萄牙与西班牙的强盛，根植于航海术、地图学及天文学的突破性进展；英国则凭借以蒸汽机为核心的第一次工业革命，奠定了其工业强国的地位；第二次工业革命，以电力技术与内燃机的革新为标志，引领人类社会步入电气化新时代，极大地促进了德国等国的崛起；而美国之所以能在全球舞台上崭露头角，离不开以电子计算机与互联网技术为引领的第三次工业革命。由此可见，掌握并引领颠覆性创新技术，是国家兴衰更替的决定性因素。

习近平总书记深刻指出："发展新质生产力是推动高质量发展的内在要求和重要着力点，必须继续做好创新这篇大文章，推动新质生产力加快发展。"[1] 新质生产力，作为一种由创新引领的先进生产力形态，显著区别于传

---

[1] 习近平在中共中央政治局第十一次集体学习时强调 加快发展新质生产力 扎实推进高质量发展 [N]. 人民日报，2024-02-02(1).

统经济增长模式与生产力演进路径，展现出高科技含量、高效能运作及高质量产出的鲜明特征，紧密契合新时代的发展理念。其诞生源于技术领域的革命性飞跃、生产要素的创造性整合以及产业结构的深度转型与升级。这一生产力形态的核心在于劳动者素质、劳动资料先进性、劳动对象范围及其相互间优化配置的显著提升，其标志性成就则体现于全要素生产率的显著增强。新质生产力的精髓在于持续创新，核心优势在于品质卓越，而本质则是对传统生产力的超越，代表着先进生产力的最新发展方向。新质生产力的崛起，不仅为中国式现代化构筑了坚实的动力基石与丰富的文化底蕴，同时也为中国式现代化开辟了无限广阔的发展空间。在此过程中，新质生产力以技术创新为引领，带动产业升级、社会进步与人的全面发展，为构建社会主义现代化强国奠定坚实的物质基础与源源不断的创新动力。

在我国发展新质生产力的征程中，强化自主创新能力被置于核心地位。中国式现代化的推进，同样需遵循历史发展的必然规律，加速迈向高水平科技自立自强的目标。这要求我们不仅要打好关键核心技术攻坚战，更要将"加快实施创新驱动发展战略"与"加快实现高水平科技自立自强"作为国家战略的重要支撑点，明确科技创新在新时代背景下的引领性作用。我们需以历史为鉴，心怀国家大局，精准定位科技创新在新质生产力发展中的战略坐标，矢志不渝地追求并实现高水平科技自立自强的宏伟目标。

相较于传统生产力的固有模式，新质生产力以创新为核心驱动力，彻底摒弃了过往的粗放型经济增长路径，重塑了生产力发展的格局。在此背景下，我国新能源技术领域迎来了蓬勃发展的春天，太阳能、风能及储能技术等前沿领域的持续创新与应用，正逐步重塑能源供需版图，为可持续发展战略及应对全球气候变化挑战开辟了新路径。传统化石能源的逐步退位，让位于清洁能源市场的迅速扩张，相关产业链的构建与完善正加速进行，这些新能源技术的革新不仅为经济体系注入了新的增长活力，更在环境保护与可持续发展领域树立了里程碑。新质生产力的崛起，伴随着新兴技术的深度渗透与跨界融合，不仅深刻改变了民众的生活面貌与经济活动方式，还激发了创新与创业的蓬勃浪潮，为社会经济的绿色、可持续发展奠定了坚实基础。

新质生产力的发展，不仅是推动高质量发展的内在逻辑与核心策略，更是建设美丽中国不可或缺的绿色路径。高质量发展是首要任务，需因地制宜地培育新质生产力。因此，加速绿色科技的创新步伐，广泛推广先进绿色技术，强化绿色制造业的发展，构建绿色车间、工厂及园区的网络体系，同时促进绿色服务业的繁荣，壮大绿色能源产业，构建绿色低碳的产业链与供应链体系，形成绿色产业集群效应，是通往绿色、低碳、环保生产生活方式的关键路径。历史唯物主义深刻揭示了生产力发展作为社会进步根本动力的角色，每一次生产力的飞跃都标志着历史进入新的纪元。历史是世代传承与变革的交响曲，每一代人在继承前人的基础上，既在变化的环境中延续传统活动，又通过创新活动改造旧世界。科技创新正是这一变革的催化剂，它不仅推动了生产力的跨越式发展，也引领了时代的进步潮流。

新质生产力的发展，彰显了中国式现代化在遵循现代化普遍规律与彰显中国特色之间的辩证统一。它既体现了现代化进程的普遍特征，又紧密结合了中国国情与中华优秀传统文化的深厚底蕴，展现出鲜明的中国特色。在推进中国式现代化的伟大实践中，我们应充分发挥新质生产力的引领与推动作用，不断深化对现代化一般规律的理解，并将其与中国特色紧密结合，实现两者的有机融合与相互促进。新质生产力作为新时代的生产力典范，不仅标志着中国生产力发展的新高度，也是衡量中国式现代化进程的重要标尺。它不仅是新时代生产力创新发展的生动写照，更是中国社会进步的重要标志。面对未来，深刻认识并准确把握新质生产力的标志性地位，对于充分挖掘生产力潜能、支撑中国式现代化进程、推动社会主义现代化强国建设具有不可估量的价值。新质生产力理论虽源自中国，但其理论视野跨越国界，具有全球性的普遍意义，为人类社会的生产力发展提供了新范式，也为评估社会发展进步提供了新的评价体系。

第四章 结构论

习近平总书记指出，新质生产力"由技术革命性突破、生产要素创新性配置、产业深度转型升级而催生，以劳动者、劳动资料、劳动对象及其优化组合的跃升为基本内涵"，是"符合新发展理念的先进生产力质态"。[1]劳动者、劳动资料、劳动对象和科学技术、管理等要素，都是生产力形成过程中不可或缺的。与传统生产力形成鲜明对比，新质生产力以创新为主导作用，在一系列新技术驱动下，新质生产力引领带动生产主体、生产工具、生产对象和生产方式变革调整，摆脱传统经济增长方式，推动劳动力、资本、土地、知识、技术、管理、数据等要素实现便捷化流动、网络化共享、系统化整合、协作化开发和高效化利用，有效降低交易成本，大幅提升资源配置效率和全要素生产率。

---

[1] 习近平. 习近平在中共中央政治局第十一次集体学习时强调：加快发展新质生产力扎实推进高质量发展 [N]. 人民日报，2024−02−01.

一、遵循传统生产力三要素原则

生产力三要素包括劳动力、劳动资料和劳动对象。劳动者是生产活动的主体，劳动工具是生产力发展水平的重要标志，劳动对象是劳动者作用的对象，是生产过程不可或缺的一部分。这三个要素相互结合，共同构成了社会生产力的基础。生产力三要素不仅是衡量一个社会经济发展水平的重要指标，也是推动社会进步和变革的关键力量。新质生产力遵循传统生产力三要素原则，是基于科技革命和产业变革而形成的，它以劳动者、劳动资料、劳动对象及其优化组合的跃升为基本内涵，是在传统的生产力质态基础上的革命性再造，是新的、更为先进的生产力质态。生产力跃升成为新质生产力，将传统生产力三要素跃升成为更高素质的劳动者、更高技术含量的劳动资料和更广范围的劳动对象，实现生产力三个方面的共同跃升，因此其发展的复杂程度更高、协同范围更广、支持能力更强。

（一）更高素质的劳动者是新质生产力的第一要素

人是生产力中最活跃、最具决定意义的因素，新质生产力对劳动者的知识和技能提出更高要求。发展新质生产力，需要能够创造新质生产力的战略人才，他们引领世界科技前沿、创新创造新型生产工具。这些人才包括在颠覆性科学认识和技术创造方面作出重大突破的顶尖科技人才、在基础研究和关键核心技术领域作出突出贡献的一流科技领军人才和青年科技人才。还需要能够熟练掌握新质生产资料的应用型人才，他们具备多维知识结构、熟练掌握新型生产工具，包括以卓越工程师为代表的工程技术人才和以大国工匠为代表的技术工人。

1. 劳动力是生产力诸要素中起决定性作用的要素

生产力包括劳动者、劳动资料和劳动对象三个要素。劳动者是具有能动作用的因素，始终处于主导地位，"是全人类的首要生产力"。马克思指出，劳动资料和劳动对象只有通过与活劳动相接触才能实现其价值。无论是机器设备、工具，还是原材料，它们本身都只是死的物质，只有在劳动者的操作和运用下，才能转化为具有实际生产力的资源。没有劳动者的实践和创造，劳动资料和劳动对象就失去了存在的意义和价值。如果没有劳动者的参与，社会生产将无法进行，经济活动也将无法开展。劳动者是社会物质资料生产的必要前提，没有他们的劳动创造，就没有社会经济的发展，更不可能推动新质生产力的发展。劳动者通过自身的劳动，不仅满足了社会的物质需求，还推动了技术的进步和生产力的发展。

新质生产力是先进生产力的体现，它符合新发展理念，代表着一种新的生产力质态。新质生产力的核心在于其以劳动者、劳动资料、劳动对象及其优化组合的跃升为基本内涵。随着技术进步和生产工具的不断更新，生产力的形态也在发生质的飞跃，从传统的生产方式转变为更高效、更智能的生产方式。新质生产力的发展离不开高素质劳动者队伍的支撑。只有通过培养一支具备创新能力、战略思维和实践技能的高素质劳动者队伍，才能为新质生产力的发展奠定坚实的基础，推动经济和社会的可持续发展。

2. 发展新质生产力对劳动者素质提出了更高要求

历史的长河见证了劳动者，尤其是高素质劳动者在推动生产力发展中的关键作用。从改良蒸汽机，到点燃电力革命，再到原子能、电子计算机和空间技术的诞生……每一次技术革命和生产力的跃升，都离不开高素质劳动者的广泛实践和创新努力。这些高素质劳动者通过不断探索、实践和改进，推动了技术的进步和生产力的飞跃。在信息化、数字化和移动化等现代科技的推动下，新时代的劳动者具备了更高的视野和更丰富的知识。他们不仅掌握了传统的生产技能，更拥有了适应快速变化的现代科技的能力。高素质劳动者是新质生产力的核心和关键。没有与现代科技和产业发展相适应的高素质劳动者，就无法形成和推动新质生产力的发展。

发展新质生产力必须紧紧依靠高素质劳动者。随着全球科技的迅猛发展和新兴技术的不断涌现，传统生产力模式已经不能满足当今社会的需求。信息技术、人工智能、生物工程、新能源等领域的快速进步，催生了新质生产力的兴起。新质生产力强调生产效率和技术革新，高素质劳动者拥有深厚的专业知识和创新意识，能够突破传统思维，推动新技术、新工艺和新产品的研发与应用，能够将跨领域的知识进行整合，找到不同技术之间的最佳结合点，从而实现技术的最优利用，而且能够快速适应新的生产工具和生产流程，提高生产效率，降低生产成本。高素质劳动者在新质生产力的发展中具有不可替代的作用。他们不仅是技术创新的推动者，也是技术整合的执行者，是新质生产力发展的核心力量。

3. 多措并举培养高素质劳动者加快发展新质生产力

在当前全球竞争日益激烈、科技发展迅猛的时代背景下，我国必须深入实施科教兴国战略、人才强国战略和创新驱动发展战略。要把提升劳动者素质作为核心战略任务，以加速将人才这一第一资源转化为推动创新的核心动力。推动科技、教育和人才体制改革，加快知识型、技术型、创新型劳动者的培养。建立健全人才发现、培养、激励和使用机制。实施劳动者素质建设工程，完善人才评价体系，突出能力和实绩导向。完善工作保障机制，营造良好创新氛围，弘扬劳模精神、劳动精神和工匠精神，拓宽世界眼光，吸纳全球人才。只有这样，才能为新质生产力的发展提供强有力的支撑，推动我国经济和社会的可持续发展。

充分利用数字化、智能化手段，帮助劳动者学习新知识、掌握新技能、增长新本领，引导树立终身学习理念，不断提高思想道德素质和科学文化素质，培育大批懂科技、懂资本、懂市场、懂金融的高素质劳动者，尤其是数字经济人才。通过支持新质生产力创新资源要素的企事业单位，引入集成式训练模式，将多种技术和技能的培训整合在一起，提升劳动者的综合能力。搭建共享开放的科技赋能平台，创新集成式训练模式，以及发挥企业的培养主体作用，可以有效推动劳动者素质的提升。重视青少年培养，创新教育课程设置和技能养成方式，尤其是促进人工智能、数字经济与其他专业的融合，将为新质生产力的发展培养更多未来的高素质劳动者。这些措施将为实现新质生产力的快速发展提供强有力的人才支持和技术保障。

（二）更高技术含量的劳动资料是新质生产力的动力源泉

劳动资料是指在生产过程中所使用的一切物质条件和手段，它们是人类进行劳动生产所必需的工具和设备。在劳动资料中，起决定作用的是生产工具。广义地说，劳动资料包括劳动过程中除劳动对象以外所必需的一切物质条件。劳动资料中起决定作用的是生产工具，生产工具是生产力高低的主要标志。在不同的社会经济发展阶段，劳动资料的构成，以及劳动资料中各个部分的作用是不相同的。产业革命以前，劳动资料以手工工具（石木工具或金属工具）为主体；产业革命以来，劳动资料以机器为主体。在当代，由于国际分工和交换的大发展，生产和流通日益社会化，劳动资料中的动力系统、运输系统和信息系统的作用越来越大。

1. 劳动资料中起决定作用的是生产工具

生产工具是劳动者用来作用于劳动对象、进行生产活动的各种设备、器具和机械。它们是劳动资料的核心组成部分，直接影响劳动的效率和生产力水平。生产工具能够显著提高劳动效率。先进的生产工具和设备可以加快生产速度，提高产品质量，从而提高整体经济效益。生产工具的发展往往带动技术的创新和进步。随着技术的不断升级，生产工具也在不断改进和完善，推动了生产力的发展。生产工具的进化和变化能够改变生产方式。例如，自动化生产设备的普及使得传统的手工劳动逐渐被机械化和自动化所取代，形成了现代化的生产体系。生产工具的水平直接反映了生产力的发展阶段。高效、先进的生产工具是提高生产力水平的关键因素。

随着时代的发展，生产工具发生演变。早期人们主要依靠简单的手工工具进行生产活动，这一阶段的生产力水平相对较低。工业革命时期，机械工具的出现和应用极大地提高了生产效率，开启了大规模工业生产的新时代。随着信息技术的发展，自动化和智能化工具逐渐成为生产的主力，显著提高了生产的灵活性和效率。在当前的数字经济时代，数字化工具和智能制造技术（如人工智能、物联网）正在重塑传统生产方式，进一步推动生产力的变革。劳动资料同样是新质生产力的结构部分，新质生产力的劳动资料是更高技术含量的劳动资料。新一代信息技术、先进制造技术、新材料技术等融合应用，孕育出一大批更智能、更高效、更低碳、更安全的新型生产工具，进一步解放了劳动者，削弱了自然条件对生产活动的限制，极大拓展了生产空间，为形成新质生产力提供了物质条件。

2. 生产工具的升级和创新是新质生产力的重要动力源泉

生产工具不仅能够提高产品的质量和数量，还能降低生产成本。先进的生产工具可以增强企业的市场竞争力，使其能够更好地满足市场需求和消费者的期望。随着技术革命的推进，尤其是人工智能＋的兴起，特别是工业互联网、工业软件等非实体形态生产工具的广泛应用，极大丰富了生产工具的表现形态，生产工具正在逐步向智能化和数字化进行转变，如人工智能、虚拟现实和增强现实设备、自动化制造设备等等，促进制造流程走向智能化、制造范式从规模生产转向规模定制，推动生产力跃上新台阶。

新质生产力与生产工具的升级和创新密不可分。生产工具不仅仅是人类进行生产活动的工具和设备，更是技术进步的载体和经济发展的引擎。先进的生产工具如机器人、自动化流水线和智能制造系统显著提高了生产效率，减少了人力成本和资源消耗。新型生产工具可以加快生产速度，缩短生产周期，使企业能够更快地响应市场需求变化，这种快速反应能力对保持竞争优势至关重要。生产工具的升级使得生产方式从传统的劳动密集型转向技术密集型，这不仅提升了生产力水平，也提高了企业的附加值和竞争力。生产工具的创新推动了产业结构的调整和升级，使得传统产业焕发新生，同时也促进了新兴产业的崛起。生产工具的创新往往催生出新的产业领域，如人工智能、物联网、清洁能源等新兴产业，为经济增长注入新动力。[1]

3. 以先进生产工具为标志的新质生产力进一步解放了劳动者

尽管生产工具的自动化可能减少了一些传统岗位，但同时也创造了新的就业机会，特别是在技术开发和设备维护等领域。新型生产工具的使用需要劳动者掌握更多的专业知识和技能，从而推动了劳动者素质的提升。生产工具帮助劳动者更高效地完成任务，减少体力劳动的强度，使劳动者能够专注于更具创造性的工作。在现代生产环境中，劳动者的角色从传统的体力劳动者转变为知识型工作者，生产工具是这一转变的重要推动力。

以先进生产工具为标志的新质生产力进一步解放了劳动者，不仅提升了生产效率和产品质量，还改善了劳动条件，促进了劳动者的素质提升和就业结构转型。首先，自动化设备和机器人技术的广泛应用，使得许多重复性、单调性和体力劳动强度大的工作被机器取代，从而提高了生产效率。通过不断的技术创新和工具优化，劳动者将从繁重、单调的工作中解放出来，更多地参与到创新、设计和高附加值的工作中，实现自我价值的提升和经济的可持续发展。其次，随着生产工具的智能化和自动化，对劳动者的技能要求发生了转变。现代劳动者需要掌握计算机操作、数据分析和设备维护等技术性

[1] 田鹏颖，张雪.唯物史观视域中的新质生产力 [J].共产党员，2024(13)：24-25.

技能，从而推动了劳动者素质的提升。最后，先进生产工具释放了劳动者的创造力，使他们能够专注于更具创新性和高附加值的工作。生产工具的现代化推动了劳动力市场的转型升级，促使传统劳动岗位向高科技、高附加值的领域转移。这不仅提高了劳动者的收入水平，也推动了整体就业结构的优化。生产工具的高效性，使得许多工作可以在更短的时间内完成，从而缩短了劳动者的工作时间，给予更多的个人时间和生活自由。

（三）更广范围的劳动对象是新质生产力的物质基础

劳动对象是生产活动的基础和前提。劳动对象是生产活动的基础和前提，是指那些在生产过程中被加工、改造和利用的自然资源和物质材料。劳动对象可以是天然的自然资源，也可以是已经经过一定加工处理的半成品。劳动对象是生产活动得以进行的核心因素之一，它们是劳动者通过劳动工具加以作用和改变的实体，最终被转化为有用的产品。没有劳动对象，生产活动便无法进行。所有的生产活动都是在对劳动对象的加工和处理中完成的，因此劳动对象是生产活动的必要前提。

1. 劳动对象为新质生产力提供了基础材料

劳动对象可分为自然劳动对象和加工过的劳动对象。自然劳动对象包括土地、矿产资源以及水和森林等。土地是农业生产中的基本劳动对象；煤、铁、铜等，是工业生产的基础原材料；水和森林作为自然资源，广泛用于各类生产活动。加工过的劳动对象分为原材料和半成品。半成品如电子元件、机器零部件等，需要进一步加工才能成为最终产品。无论是农业生产中对土地的耕种，还是工业生产中对原材料的加工，劳动对象都是构成生产过程的核心元素。劳动对象的种类和性质直接影响到最终产品的质量和种类。例如，使用不同种类的原材料会导致不同的产品特性和应用范围。劳动对象的可获得性和成本是生产过程中的重要因素。资源丰富且易得的劳动对象有助于降低生产成本，提高经济效益。

劳动对象为新质生产力提供了基础材料，是生产活动的直接目标。通过对劳动对象的加工和处理，劳动者能够创造出各种商品和服务，以满足人类的需求。劳动对象的复杂性和多样性推动了生产技术的发展。为了高效利用各种劳动对象，人类不断创新和改进生产技术和工艺。对劳动对象的有效利用和管理可以显著提高生产效率和经济效益，从而推动经济增长和社会发展。

2. 科技革命推动劳动对象范围的扩展

随着时代的发展，劳动对象也面临着诸多方面的挑战。首先是资源枯竭和环境保护。自然资源作为劳动对象在过度开采下面临枯竭的风险，如何在可持续发展的框架下利用劳动对象成为一大挑战。其次是资源分配不均。不同地区劳动对象的分布不均衡，可能导致资源紧缺和生产不平衡的问题，需要通过国际合作和技术创新来解决。最后是技术和创新的需求。随着社会的发展，对劳动对象的加工要求越来越高，这推动了对新技术和创新的需求，以更高效和环保的方式利用劳动对象。

劳动对象是社会生产活动的物质基础和现实条件，直接体现了不同时代的生产力发展水平。随着高新科学技术的发展，人类劳动对象在广度和深度上发生了极大变化。从广度上看，科技创新延伸了劳动工具和劳动对象，人类利用和改造自然的范围扩展至深空、深海、深地等领域；从深度上看，科技进步推动劳动对象向纵深发展，通过产业升级转型日益成为新的劳动对象，既直接创造社会价值，又通过与其他生产要素的结合进一步放大价值创造效应。特别是随着网络化、智能化、数字化的快速发展，新质生产工具的推广使用把信息、数据、知识等都转换成为新的劳动对象。

得益于科技创新的广度延伸、深度拓展、精度提高和速度加快，劳动对象的种类和形态大大拓展。在全球化和资源紧缺的背景下，可持续发展将是劳动对象利用的重要趋势。资源回收和循环经济模式将受到更多关注。未来，通过大数据和人工智能技术对劳动对象进行智能化管理和优化配置，将进一步提高生产效率和资源利用率。各国在资源共享和技术合作方面的加强，将有助于更有效地利用全球劳动对象，推动全球经济的共同发展。

3. 新质生产力要求拓展更广范围的劳动对象

培育壮大新质生产力是一项长期任务和系统工程。新质生产力需要更广范围的劳动对象作为物质基础。劳动对象是生产活动的基础和前提，是生产过程中不可或缺的组成部分。拓展更广范围的劳动对象，要深入实施国家战略性新兴产业集群发展工程，推动战略性新兴产业融合集群发展，着力打造新一代信息技术、人工智能、生物技术、新能源、新材料、高端装备、绿色环保等新增长引擎，强化我国战略性新兴产业在全球价值链的技术优势和产业优势。

科技创新广度延伸、深度拓展、精度提高和速度加快，劳动对象的种类和形态大大拓展，推动形成新质生产力。数据是新的生产要素，是基础性资源和战略性资源，也是重要生产力。数据作为新型生产要素成为重要劳动对象，既直接创造社会价值，又通过与其他生产要素的结合、融合进一步放大价值创造效应。在现代社会生产中，芯片、编码、程序、数据、信息等构成了新型劳动过程的核心要素。在数字劳动过程中，数据搜集、数据挖掘、数据分析、数据产品加工、数据营销等通过互联网构成数据再生产过程，进而驾驭和改变了传统生产要素投入和产出的方向、规模和结构。数据、信息和网络等对传统生产要素的整合，越来越成为重要的劳动对象，直接创造社会价值，又通过与其他生产要素的结合、融合进一步放大了价值创造效应，从而既挖掘了传统生产要素的新能力，又能形成数字化生产的新生产力。

二、统筹推进教育、科技、人才

党的二十大报告指出："教育、科技、人才是全面建设社会主义现代化国家的基础性、战略性支撑。"[1]统筹推进教育科技人才体制机制一体改革，是全面深化改革的重点任务之一，是以习近平同志为核心的党中央赋予教育和科技战线的重大使命。必须坚持科技是第一生产力、人才是第一资源、创新是第一动力，深入实施科教兴国战略、人才强国战略、创新驱动发展战略，开辟发展新领域新赛道，不断塑造发展新动能新优势。坚持教育、科技、人才"三位一体"统筹推进，才能开辟发展新领域新赛道，不断塑造发展新动能新优势，推动区域协调发展。统筹推进教育、科技、人才"三位一体"，强化三者之间的契合度、提高支撑高质量发展的匹配度、增强服务国家战略的贡献度。

（一）发挥教育、科技、人才的基础性战略性作用

教育是基础，科技是关键，人才是根本。教育、科技、人才从来都是不可分割的统一体，三者既同根同源，又同轨同向，既相互作用，又相互促进、相互助力。统筹推进教育、科技、人才，首先是要发挥教育、科技、人才的基础性战略性作用，从打造高质量教育体系、实现高水平科技创新和建设高层次人才队伍三方面入手，切实发挥好教育、科技、人才的基础性战略性作用。

1. 打造高质量教育体系

教育具有基础性、先导性、全局性地位和作用，是人类社会发展的基础和关键，也是新时代创新创业人才培养的基础和关键。教育为科技创新提供

---

[1] 习近平. 习近平著作选读：第一卷 [M]. 北京：人民出版社，2023:27-28.

了必要的人才和知识储备。高质量的教育体系能够培养出具有创造力和批判性思维的人才，是科技进步的重要推动者。教育能够引导社会向更公正、包容和可持续的方向发展。它通过培养具备领导力和责任感的公民来推动社会的进步与变革。受教育程度高的劳动力通常具有更高的生产力和创新能力，从而促进经济的增长和结构转型。教育可以成为新时代创新创业人才培养的坚实基础，推动社会的持续进步和繁荣。教育体系的高质量发展不仅是培养创新人才的前提，更是整个社会和国家竞争力提升的关键。

打造高质量的教育体系需要宏观政策的支持与微观实践的落地相结合。从宏观层面上，构建一个具有中国特色的高质量教育体系需要综合考虑国家重大战略需求、经济社会发展需要，以及科技前沿和关键领域的动态。政府制定灵活的教育政策，以适应不断变化的社会经济环境和科技进步，给予资金支持、项目资助和政策优惠，引导教育资源向战略领域和关键领域倾斜，并提供教育发展所需的法律和制度保障。在微观层面上，构建高质量的教育体系需要从具体的课程设置、教学方法、实践机会和支持措施入手。引入创新创业教育课程开设创新思维和创造力课程，注重培养和提高学生的创新思维和实践能力；加强与企业及创业孵化器合作，建立校企合作关系，与各行业的领先企业建立长期合作关系，开展联合课程、实习项目和研讨会，与创业孵化器合作，为学生提供初创公司的办公空间、设备和资源支持，提供实践机会，锻炼学生的创新能力和实践技巧；组织创新创业竞赛，设计针对不同学生群体的多层次竞赛，从校级、区域级到全国级，以吸引广泛参与，鼓励跨学科团队参与竞赛，结合不同领域的知识和技能，促进多样化的创新，提供资金、资源和咨询支持，激发学生的创新潜力和竞争意识。

2. 实现高水平科技创新

科技创新是点燃发展新质生产力"助推器"。科技立则民族立，科技强则国家强，科技创新是引领发展的第一动力。新质生产力是指以科技创新为核心驱动的新型生产力形态，它强调知识、信息和智能在生产中的主导作用。技术突破是新质生产力发展的核心推动力。例如，5G 技术推动物联网发展，人工智能提升制造业智能化水平。智能制造集成了信息技术、自动化技术和人工智能，是制造业发展的新方向。它提高了生产灵活性和定制化能力。数字化技术使企业能够更有效地管理和分析数据，作出更加精准的决策，从而提高生产和服务效率。科技创新驱动经济结构调整，促进产业链的优化和升级，实现经济的可持续发展。

发展新质生产力离不开科技创新，国家应打造良好的创新生态系统，加大对基础研究和前沿科技的投入，鼓励原创性研究和突破性技术的开发，包括政策支持、科研机构建设、产学研结合等，推动科技成果转化。我国拥有世界上最完整的工业体系，具有发展新质生产力良好基础和有利条件。一方面，要完整、准确、全面贯彻新发展理念，充分发挥我国既有创新优势，推动数字经济高质量发展，持之以恒将数字应用优势扩大到广泛业务中，对标前沿科技新赛道，做优做强新型产品市场。另一方面，进一步发扬钉钉子精神，加速突破重大性、前沿性、颠覆性核心科技，有效提升基础研究能力，积极参与解决人类面临的重大挑战，努力推动新质生产力落地生根、惠及人民。

3. 建设高层次人才队伍

习近平总书记强调："发挥高校特别是'双一流'高校基础研究人才培养主力军作用，加强国家急需高层次人才培养，源源不断地造就规模宏大的基础研究后备力量。"[1] 高校作为教育、科技、人才的集中交汇点，要围绕建设世界重要人才中心和创新高地，聚焦两件大事，全力打造高水平人才队伍。

---

[1] 习近平. 深入实施新时代人才强国战略加快建设世界重要人才中心和创新高地 [J]. 求是，2021(24)：4-15.

要把打造过硬的政治素质作为人才队伍建设的基础性工作，在人才引进、培养、使用全过程严把政治关，加强对人才的思想引领、政治吸纳，深入实施人才优先发展战略，抓牢宏观性全局性工作，解决好关键性长远性问题，为人才队伍建设把准政治方向和战略方向。

优化人才发展的环境，培育人才，应用人才，充分激发人才的潜力和创造力，着力培养国家战略人才和急需紧缺人才，发挥高等教育龙头作用，不断提高学校对于区域经济社会发展的人才支持，积极培育本土人才，探索激励人才机制，加强专业技术人才和技能人才两支人才队伍的建设，培养出更多更好的应用型人才。政策上强保障。实施更加积极、开放、有效的人才引育政策，持续深化人才发展体制机制改革，完善人才引进、培养、使用、评价、激励等各项政策制度，加快构建科学规范、开放包容、运行高效的人才发展治理体系，为打造一流人才生态和创新生态提供有力政策保障。

高层次人才通过榜样示范、导师指导、资源支持、行业合作和市场导向等方面的贡献，为学生提供宝贵的机会和支持，帮助学生成长为具备创新思维、实践能力和行动力的优秀创新创业人才。建设高层次人才队伍应坚持引育留并举，帮助优秀人才落地生根、开花结果。通过薪资待遇、个人发展、项目平台等方面优势，聚集一批战略科技人才、一流科技领军人才，推动我国逐步建成世界重要人才中心，形成吸引、汇聚、用好全球人才的崭新局面，为创新创业厚植人才土壤。

（二）增强教育、科技、人才统筹推进的契合度

教育的本质是培养人才，科技的本质是解放和发展生产力，教育为科技进步提供源源不断的人才支撑，科技也为教育发展持续赋能。教育、科技、人才既有自身子系统，又属于共同大系统。立足于系统观念，既要从子系统看待教育、科技、人才各自的功能价值，也要从整体视角看待共同大系统的

总价值,从系统最优解的理论视角界定和把握教育、科技、人才在不同场景下统筹推进的作用和规律,实现教育、科技、人才"三位一体"统筹推进,从而产生全局性的战略价值,更好汇聚创新合力。

1. 教育、科技、人才"三位一体"

教育、科技和人才的"三位一体"统筹推进,是实现国家创新驱动和高质量发展的重要战略,是加快形成新质生产力的重要动力。这个"三位一体"框架将教育、科技和人才视为一个相互依存、共同推动社会进步的整体系统。当前人类已全面进入知识经济时代,高质量发展越来越依靠知识和创新。教育、科技、人才是驱动知识和创新的三驾马车,是全面建设社会主义现代化国家的基础性、战略性支撑。

统筹推进教育科技人才"三位一体",贵在坚持系统思维。唯有从系统观出发,方能深刻领悟把握教育优先发展、科技自立自强、人才引领驱动的重大使命与重要意义。其中,教育优先发展为科技创新持续提供高水平人力资源供给,为实现科技自立自强夯实人才队伍基础;科技自立自强是建设社会主义现代化强国的应有之义,是国家强盛之基、安全之要,需要优化学科布局与人才培养的支撑;人才是实现中华民族伟大复兴、在国际竞争中赢得优势、赢得主动、赢得未来的重要战略资源,为教育优先发展和科技自立自强提供智力支撑。因此,需要从系统观出发,充分理解认识教育发展、科技创新、人才培养的发展逻辑和内在规律,将三者的发展作为一个相互作用的有机整体协同推进。只有主动超前布局、有力应对变局、奋力开拓新局,才能不断取得新的成效。

2. 教育、科技、人才深度协同发展

科技创新靠人才,人才培养靠教育,科技是经济的供给侧,人才是科技的供给侧,教育是人才的供给侧,教育、科技、人才内在一致、相互支撑。推动形成新质生产力,创新发展中国产业,须以人才为第一资源,推动新兴技术和颠覆性技术创新。发展未来产业，基础在教育、突破在科技、关键在人才，要坚持一体统筹推进教育、科技、人才协同发展。要打破教育、科技、人才制度各自改革的边界，将三者协同融合起来才能真正统筹推进，通过一体化改革实现一体化发展，更好支撑中国式现代化。

教育、科技、人才深度协同发展是一项涉及多部门的系统工程，需加强顶层设计，从结构、程序和评价三方面构建跨部门协同机制。首先，以教育、科技、人才协同发展的重大战略规划为导向，构建纵向联动、横向贯通、分工明确的组织架构，为三者一体化发展提供组织保障。其次，建立目标、措施、政策等多维协同的跨部门协同协议与规程，并依托数字技术畅通跨部门协同的信息共享渠道，形成程序性运行机制，为三者一体化发展提供运行保障。最后，从信息互联、组织互动、联动支撑等方面，建立健全跨部门协同评价体系和激励机制，并对关键环节进行针对性分析、诊断和优化，预防协同失灵，为三者深度协同发展提供管理保障。

3. 提升教育、科技、人才的关联度和契合度

教育是基础，教育优先发展为科技和人才的培养提供了坚实基础，是实现其他目标的必要条件；科技是动力，科技自立自强为人才的发展和教育的提升提供了动力和方向，通过科技的进步推动教育的变革和创新；人才是核心，人才引领驱动是实现科技创新和教育提升的关键，只有不断培养高素质人才，才能实现教育和科技的共同进步。优化教育体系与科技需求的契合、促进科技创新与人才培养的互动、提升人才发展与教育科技的融合以及加强政策支持与资源投入等措施，推动建设教育强国、科技强国和人才强国这个系统工程，三者相互依存、相互促进，共同推动国家的发展和进步。

深刻认识加快建设教育强国、科技强国、人才强国的历史使命，准确把握教育优先发展、科技自立自强、人才引领驱动的相互关系。纵观世界历史发展，国家富强始于教育、兴于人才、盛于科技。教育、科技、人才

一体化发展的目标是实现教育强国、科技强国和人才强国的有机结合与相互促进，从而推动国家综合实力的提升。这种一体化发展能够打通"教育强—人才强—科技强—产业强—国家强"的通道，助力全面建成社会主义现代化强国。在国家层面制定统一的教育、科技、人才发展战略规划，明确各要素之间的互动关系和协同目标，确保各战略之间相互支持、相互促进。通过创新体制机制，打破教育、科技、人才三者之间的壁垒，建立统一高效的管理和协调机制，促进资源的优化配置和协同运作。推进科教融合，将科研创新内容融入教育教学过程，培养学生的创新思维和实践能力，打造高水平的科教融合教育体系。

（三）统筹推进教育、科技、人才体制机制一体改革

统筹推进教育科技人才体制机制一体改革，因地制宜发展新质生产力，通过教育、科技、人才三者之间的紧密协作与协调，构建创新驱动的发展体系，促进经济社会的可持续发展。[1]要明确职能职责，做好"统"的文章，注重教育体制改革、科技体制改革和人才体制改革统筹推进，强化对科技工作重点环节的统筹指导、重大科技项目的统筹协调、科技创新全链条的统筹管理、科技管理工作的统筹联动，构建更加高效的组织体系和创新体系，实现资源的优化配置，推动创新驱动发展战略的实施，提升国家的综合竞争力和国际影响力。

1. 建立健全教育科技人才一体统筹发展的新体制机制

统筹实施科教兴国战略、人才强国战略、创新驱动发展战略，是国家在新时代背景下提出的重要战略部署，旨在推动国家高质量发展，实现现代化

---

[1] 中国共产党第二十届中央委员会第三次全体会议公报 [EB/OL].(2024-07-18)[2024-07-19]. http://www.news.cn/politics/leaders/20240718/a41ada3016874e358d5064bba05eba98/c.html.

建设目标。通过加快营造创新和人才发展的良好生态系统，一体推进教育发展、科技创新和人才培养，可以有效推动教育、科技和人才之间的良性循环，为国家的持续发展奠定坚实基础。通过统筹推进教育、科技、人才的发展，可以实现三者之间的良性互动，形成一个持续发展的生态系统，从而推动国家的整体进步和社会的全面发展。

在推进科教兴国战略、人才强国战略和创新驱动发展战略的过程中，人才培养、使用和管理改革被视为主要矛盾的关键环节。抓住这一主要矛盾，可以有效带动教育、科技等领域的协调改革，推动整体发展。一是要利用好深化教育综合改革这个平台。教育综合改革平台可以有效推动人才培养、科技创新和社会发展的深度融合，不仅是实现教育领域自身改革的重要载体，也是推动国家整体创新能力提升的重要途径。深化教育改革，鼓励跨学科的研究和教学，特别是在人工智能、新材料、生物技术等前沿领域，促进教育与科技的深度融合。二是完善企业为主导的产学研结合新机制平台，这是推动科技成果转化、促进创新驱动发展的关键。产学研结合机制是连接企业、学术机构和科研院所的重要桥梁，通过这种结合，可以实现科研成果的快速产业化，加速科技成果的转化应用，并提高企业的创新能力，为国家的经济转型和高质量发展提供强大支撑。三是完善国家实验室等科研平台。国家实验室作为国家科技创新体系中的核心组成部分，在攻克重大科学问题和关键技术、培养高层次创新人才、促进国际合作等方面发挥着至关重要的作用。

2. 统筹推进改革与全面深化其他领域的改革有机结合

强化教育科技人才改革对各领域改革的基础性战略性支撑功能。新的体制改革和机制建设应紧密围绕增强发展新质生产力的目标，通过强化源头创新能力、提升原始性和颠覆性创新成果供给，以及推进科技创新与产业创新的深度融合，积极培育新业态、新产业和新动能，培育新质生产力，推动经济的高质量发展，为国家的现代化进程提供强有力的科技支撑。

将科技创新作为改革的核心动力，通过教育和人才的提升来支撑科技创新，进而推动经济、社会、文化等各领域的全面发展。加强关键共性技术、前沿引领技术、现代工程技术和颠覆性技术的创新，以及为新领域新赛道提供制度供给，是推动我国科技自立自强、加快形成新质生产力的关键举措。加强关键共性技术创新，构建技术创新协同网络，实现资源共享和技术协同创新，完善技术标准化体系制定国家和行业技术标准，提升我国在国际标准中的话语权，推动我国技术标准走向国际市场。提升我国在关键共性技术、前沿引领技术、现代工程技术和颠覆性技术方面的研发实力和创新质量，完善新领域新赛道的制度供给和建立未来产业投入增长机制同时为新兴领域和未来产业的持续发展提供制度保障和资金支持。

统筹教育、科技、人才一体化改革与全面深化其他领域的改革，还需要在顶层设计上实现协同推进，在具体实施中注重跨领域的融合与联动。通过政策协同、资源共享和机制创新，最大化改革的整体效应，推动国家在各个领域实现高质量发展。建立教育、科技、人才与经济、社会、文化等领域的跨部门协作机制，打破各领域间的壁垒，形成合力。

3. 着力破除教育科技人才体制机制一体改革的难点、痛点、堵点

目前，在推动教育、科技、人才体制机制一体化改革的过程中，面临着许多难点、痛点和堵点。[1]体制机制的协调性差，教育、科技和人才领域的体制机制往往各自独立，缺乏有效的协调和衔接，导致资源配置和政策实施不够高效；体制改革阻力大，各领域的既有利益格局和体制惯性造成改革阻力，特别是在高校、科研机构和企业等主体中，传统利益关系的固化使得改革难

---

[1] 习近平在参加江苏代表团审议时强调因地制宜发展新质生产力 [N]. 人民日报，2024-03-06(1).

以推进。科研成果的转化过程复杂，涉及多方合作和长期投入，且成果转化机制不健全；人才流动和配置受到多方面限制，如地域限制、制度障碍等，影响了人才能够在教育、科技和产业间的有效流动等等这一系列的问题都在影响教育、科技、人才一体化体制机制改革。

突破人才培养、使用、评价、服务、支持、激励等方面的体制机制障碍，并彻底革除"行政化""官本位"等陈规旧思想，真正把人才从科研管理的各种形式主义、官僚主义的束缚中解放出来。加大科技体制深层次改革力度，解决原始创新能力薄弱、关键核心技术受制于人、顶尖科技人才不足等突出问题，需要系统性、针对性的改革措施。这些措施应从体制机制、政策支持、资源配置和人才培养等多方面入手，形成合力推动科技创新的良性循环。深化教育领域综合改革，特别是在破除"应试教育"向素质教育转轨、高等教育结构优化、招生、教材建设、学校管理和教育评价体系改革等方面，改革教育目标和课程设置、优化考试和评价机制、调整学科结构、推动学校管理创新、提高教育公平水平等综合施策。

破除教育、科技、人才体制机制一体改革的难点、痛点、堵点，需要综合运用政策协调、体制创新、资源优化和机制完善等手段，逐步克服各领域改革中的挑战。通过建立跨部门协调机制、优化资源配置、改革评估与激励机制、推进成果转化和人才流动，能够有效推动教育、科技、人才一体化改革的深入实施，为国家的全面发展提供坚实的支撑。

三、释放人才"第一资源"活力

人才是第一资源。国家科技创新力的根本源泉在于人。习近平总书记在科学家座谈会上强调："要加强高校基础研究，布局建设前沿科学中心，发展新型研究型大学。要尊重人才成长规律和科研活动自身规律，培养造就一批具有国际水平的战略科技人才、科技领军人才、创新团队。"[1] 释放和激发人才"第一资源"的活力,培养和造就一批具有国际水平的战略科技人才、科技领军人才和创新团队,为国家科技创新和发展提供强大的智力支持和人才保障,推动我国在全球科技竞争中取得更大优势,助力建设社会主义现代化强国。新时代新征程,我们要全面把握人才在全面建设社会主义现代化国家中的地位作用,深刻认识以人才引领驱动支撑中国式现代化的重大意义,始终坚持党管人才原则,把各方面优秀人才集聚到党和人民事业中来。

(一)完善人才自主培养机制

人才培养工作是时代所需,更是关乎长远的根本大计。以人才培养激活发展新质生产力"内动力"。人才在推动数字经济和人工智能等领域的创新成果转化中发挥着关键作用。尤其在当前科技飞速发展的时代,培养和拥有一批高素质的应用型人才队伍,不仅能够有效应对未来的挑战,而且可以帮助突破技术瓶颈,实现从无到有的创新,促进经济社会的高质量发展。人才培养没有捷径可走,必须顺应时代潮流,掌握人才成长规律,精心调制人才培养"新配方",锻造一支思想过硬、本领过硬、业务精通的高素质人才队伍,推动形成"百花齐放"的人才盛景。

1. 以科技创新重大需求为牵引

牢固树立人才是第一资源的理念,通过优化引才聚才用才方式,聚焦世界科技前沿,自主培育"高精尖缺"科技人才,建设好新质生产力发展新型人才梯队。要以科技创新重大需求为牵引,明确当前和未来科技创新领域的重大需求,对国家和企业的战略需求进行分析,确定人才培养的方向。针对

---

[1] 习近平.习近平新时代中国特色社会主义思想专题摘编[M].北京:中央文献出版社,2023:201.

特定的科技创新需求，设立专项人才培养计划或项目。与科研机构、企业合作，建立实习基地和合作项目，让学生在学习过程中接触实际科研和生产任务，提升实践能力。

瞄准前沿重点，加快关键核心技术能力自主培养。问题是时代的声音，也是科技创新的起点。科技攻关要坚持问题导向，奔着最紧急、最紧迫的问题去。实践反复证明，关键核心技术是要不来、买不来、讨不来的，只有把关键核心技术掌握在自己手中，才能牢牢掌握创新与发展主动权。要以国家战略需求为导向，健全关键核心技术攻关新型举国体制，着力解决制约国家发展和安全的堵点痛点，着力突破占领未来科技发展前沿的重点难点，着力抢抓最具中国科技领域先发优势的亮点优点，大力实施有组织的前瞻性科研，在新一代人工智能、能源交通一体化、集成电路、新材料研发、医工融合、智慧社会等一批原创性、引领性重大科技领域扩容提质，加强关键核心技术能力的自主培养，尤其是人才培养。

2. 以优化高校学科设置为抓手

高校是科技第一生产力、人才第一资源、创新第一动力的重要结合点，肩负着科技创新和自主人才培养的重任。高校学科专业的设置和建设，对教育教学资源的配置起着基础性、导向性作用。推进高校改革，建立科技发展、国家战略需求牵引的学科设置调整机制和人才培养模式，超常布局急需学科专业，加强基础学科、新兴学科、交叉学科建设和拔尖人才培养，着力加强创新能力培养。

推进学科结构改革，注重学科交叉自主培养。学科交叉融合是高校自主培养拔尖创新人才的显著优势，不同学科知识深度碰撞与相互交融，就有可能产生新的思想火花和创新成果。当今时代，需以重大科学问题和社会发展需求为导向，优化高校学科专业结构，打破学科专业壁垒，推动学科、专业、课程等交叉融合，构建多层次、跨学科的专业发展生态。超前部署战略关键领域，推进前沿性、颠覆性技术研究，通过自主培养切实提升原始创新能力和自主创新能力，为建设教育强国注入澎湃动能。

大力提升基础学科人才培养能力，重视对学科共通基础平台的打造，全方位、全链条优化基础研究人才培养体系，对具有前沿性、基础性、战略性的原始创新和跨学科交叉研究择优进行滚动支持，努力突破一批事关国家战略的"杀手锏"技术、制约高质量发展的"卡脖子"技术、构建先发优势的关键技术和引领未来发展的前沿技术，全力打造"换轨超车"发展新赛道。

3. 以创新人才培养模式为核心

当前，新一轮科技革命和产业变革深入发展，应以中华民族伟大复兴的创新需求为动力，坚持面向世界科技前沿、面向经济主战场、面向国家重大需求、面向人民生命健康的战略导向，在集成电路、工业母机、基础软件、先进材料、科研仪器、核心种源等方面提升人才自主培养能力，培养更多高素质技术技能人才、能工巧匠、大国工匠。充分发挥高校、科研院所和企业积极性，进一步加强校企合作，打造以项目为牵引、以解决实际科技需求为驱动的实践培养体系，通过双向赋能实现合作共赢。进一步加强人文素养、科学基础、工程教育，加强拔尖创新人才自主培养，为解决我国关键核心技术攻关提供人才支撑。

抓住新一轮科技革命与产业变革的重大历史机遇，关注知识与技术体系内在矛盾驱动，对接科技发展革命性突破的关键要素，尊重人才成长规律，遵循科技创新规律，树立质量和效率优先的科技发展理念，绵绵用力、久久为功，在新一代信息技术、人工智能、量子科技、生物科技、新能源、新材料等领域的科技创新中，广纳天下英才、汇聚众智众力。全面提升人才队伍的政治素养，引导科技人才树立科技报国的伟大志向，传承老一代科学家求真务实、报国为民、无私奉献的优良品质，秉持国家利益和人民利益至上，真正把科技创新写在祖国大地上。

（二）深化人才发展体制改革

致天下之治者在人才。国家的繁荣与发展、社会的进步与稳定、各项事业的成功与创新，都离不开高素质、专业化的人才。只有通过重视人才的培养、引进和利用，国家才能实现长远的繁荣和持续的进步。习近平总书记高度重视人才发展体制机制改革，强调要着力破除体制机制障碍，向用人主体放权，为人才松绑，让人才创新创造活力充分迸发，使各方面人才各得其所、尽展其长。在以习近平同志为核心的党中央坚强领导下，加大人才工作领域改革创新力度，以政策突破带动体制机制创新，培植好人才成长的沃土，让人才根系更加发达，各方面人才一茬接一茬茁壮成长。

1. 破除人才发展的体制机制障碍

体制顺、机制活，则人才聚、事业兴。只有打破体制壁垒，扫除身份障碍，让人人都有成长成才、脱颖而出的通道，让各类人才都有施展才华的广阔天地。要打破体制壁垒，就是要减少对人才发展的行政干预，让市场和社会在人才选拔和使用中发挥更大作用，同时优化流程和手续，降低制度性交易成本，提升人才发展的便利度，进一步促进人才自由流动，消除地区、行业间的人才流动壁垒，鼓励人才在更广阔的范围内施展才华。扫除身份障碍，要从打破身份限制，解决"身份固化"问题以及建立人才流动机制入手，支持跨领域、跨行业的人才流动。完善人才教育培训体系，强化政策支持与保障，推动创新创业的环境建设，推动形成人人都有成长成才、脱颖而出的通道，让各类人才都有施展才华的广阔天地。

"向用人主体放权、为人才松绑"是人才发展体制机制改革的核心内容。充分发挥用人单位的自主权和积极性，为各类人才创造更宽松的成长环境。允许用人单位根据自身发展需要，自主决定人才引进的标准和程序，减少行政审批环节。鼓励用人单位采用多样化的用人机制，改进人才评估和评价方式,清理和废除对人才发展的不合理限制和规定,营造宽松、自由的发展环境。要围绕为人才"放权、松绑"推进改革,根据需要和实际向用人主体充分授权,建立有效的自我约束和外部监督机制,确保下放的权限接得住、用得好。

2. 建立更为灵活的人才管理机制

完善人才管理制度。做到人才为本、信任人才、尊重人才、善待人才、包容人才。首先是灵活的绩效管理和评价机制,鼓励员工参与制定个人和团队的绩效目标,提高员工的责任感和参与度,根据市场变化和业务需求,灵活调整绩效目标,确保其具有现实性和挑战性。其次是建立灵活的培训和发展机制,根据员工的岗位需求和个人发展计划,制订个性化的培训计划,增强培训效果,提供管理、技术、市场等多条职业发展通道,满足员工不同阶段的职业发展需求。最后是发展灵活的组织结构和管理模式,通过精简管理层级,缩短决策链条,提高组织的反应速度和执行力。加强人才管理的信息化和数字化手段,在相关法律法规和政策支持的基础上,利用大数据和人工智能技术,进行人才需求预测和规划,提高人才管理的前瞻性和科学性。

完善科研责任制度和评价体系。加大对科学家的技术路线选择权、经费使用权、资源调配权的授权,建立和完善责任制及项目承诺机制,确保科研项目取得实效,改革传统的科研管理体制,简化管理流程,减少不必要的行政干预,为科学家提供更大的自由度和灵活性,以激发其创新潜力;同时,针对科研项目和人员的实际需要,建立动态调整机制,灵活调整经费、资源和人员配置,以应对变化和挑战。深化科研经费管理改革,推进以创新价值、能力、贡献为核心的人才评价体系,为科研人员安心治学、潜心研究、取得更多创新成果提供坚实的制度保障。

3. 做优做细人才发展的生态环境

在优化人才生态环境的过程中,应加快创新步伐,遵循社会主义市场经济和人才成长的规律,充分发挥市场在人才资源配置中的决定性作用,同时更好地发挥政府的辅助作用。建设优秀的创业平台，确保人才拥有充分的发展空间。强化教育与培训体系、建立灵活的用人机制、推动科技创新与应用，为人才提供技术支持和创新驱动，制定和实施有利于人才发展的政策，促进产学研合作，建立科学、客观的人才评价体系，提供创业资金、创业指导和技术支持，拓展国际视野，吸引全球优秀人才，促进国际人才交流与合作，提升人才的国际竞争力。建立更有效的人才管理和使用体系，为国家的现代化建设和全面发展提供坚实的支持和保障。这一过程不仅将为实现中华民族的伟大复兴提供强大的人才保障和智力支持，也将推动国家在各个领域的全面进步与创新，为实现中华民族伟大复兴的中国梦注入更多动力。

（三）充分激发人才创新活力

人才活力的激发可以迸发出无穷的智慧，可以凝结成无穷的力量，在经济建设、社会发展中将会产生巨大的推动力。充分激发人才创新活力，各类人才的创新思维和能力可以为社会进步注入新的活力，推动社会治理、公共服务等领域的创新发展，提高社会整体运作效率。激发人才创新活力更有助于形成良好的人才生态环境，吸引更多优秀人才，打造人才高地，实现人才聚集效应。人才创新活力的激发将为国家和社会的长远发展提供强大的推动力和保障。因此，加强人才队伍建设，做好人才文章，从不同的领域、不同的层面充分激发人才活力，是实施和推进经济社会高质量发展的重中之重。

1. 营造有利于人才创新的环境

营造良好发展环境，进一步引导全社会更加尊重知识、尊重人才，吸引越来越多的优秀年轻人争相创新创业创造，为推动我国经济社会高质量发展注入强劲动力。制定和完善创新创业的激励机制，提供资金支持、政策优惠和税收减免等措施，激励年轻人积极投身创新创业活动，鼓励企业加大研发投入和人才培养力度。通过举办创新大赛、创业论坛等活动，营造一个鼓励创新、宽容失败的社会氛围，激发年轻人的创新潜力和创业热情。建立完善的创新创业服务体系，为创业者提供全方位的支持和服务，包括创业咨询、法律服务、财务顾问、市场推广等，帮助他们更好地应对创业过程中的挑战。

加大对知识产权和原始创新的保护力度，激发企业和人才的原始创新动力。在当今全球化和信息化的时代，知识产权已成为国家综合竞争力的重要组成部分。它不仅是企业提升竞争力的重要手段，更是推动社会进步和科技创新的关键因素。保护知识产权有助于建立公平的市场环境，鼓励更多企业和个人投入到创新活动中。只有确保他们的创新成果能够得到有效保护，创新者才会有更大的动力和信心进行原始创新。原始创新的背后，是对人才的需求和激励。知识产权保护机制的完善，可以吸引更多优秀人才投身于科技创新领域，鼓励他们大胆创新、勇于探索。通过知识产权保护，可以确保创新者的合法权益，提升其社会地位和经济收入，从而激发更多创新热情。通过加大对知识产权和原始创新的保护力度，可以有效激发企业和人才的原始创新动力，为我国的经济发展和科技进步提供强大支撑。

2. 用好用活各类人才

习近平总书记指出，"要用好用活各类人才，对待急需紧缺的特殊人才，要有特殊政策，不要求全责备，不要论资排辈，不要都用一把尺子衡量，让有真才实学的人才英雄有用武之地"。[1] 长期以来，我国的人才评价体系过于注重论文、专利、项目等传统指标。这些指标在一定程度上反映了一个人的学术水平和科研能力，但对于从事技术开发和产业应用的工程师、技术员等群体，则显得不够全面。技术开发人员应更注重实用性和效益性，他们的工

---

[1] 习近平. 习近平在中央人才工作会议上强调 深入实施新时代人才强国战略 加快建设世界重要人才中心和创新高地 [N]. 人民日报，2021-09-28.

作成果通常以技术解决方案、产品创新和工艺改进等形式呈现。因此，论文发表并不能充分反映这些人才的实际贡献和价值。

基础研究、应用研究、技术开发等每一类人才的价值创造方式不同，应该用更加多元化的评价标准去引导各类人才的价值创造。基础研究可以继续以论文和科研项目为主要评价标准，但同时考虑研究成果的创新性、影响力和学术贡献。应用研究类应当引入技术报告、行业标准和解决实际问题的能力等指标，鼓励学者将理论知识应用于实践。技术开发类成果应重视技术创新、产品性能和市场应用价值，鼓励企业和研发人员开发有市场前景的技术和产品。通过建立多元化的评价标准，完善人才发展通道，提供更多的职业选择和发展机会，构建多元化的人才评价标准。多元化的人才评价标准不仅可以更好地反映不同人才的价值，也有助于激发各类人才的创新热情和创造潜力。通过完善人才发展通道，提供更多的职业选择和发展机会，我国将能够更好地引领人才在各自擅长的领域不断钻研，追求卓越，为国家的发展和创新作出更大的贡献。

3. 健全收益分配机制

健全收益分配机制，充分体现知识、技术等创新要素价值。合理的收益分配能够直接激励创新者的创造热情，促使他们更加投入于知识和技术的研发与应用。针对不同的创新活动和成果类型，设立多元化的收益分配模式。基础研究、技术开发、市场应用等不同阶段的创新活动应有相应的分配比例和方式。健全创新要素市场体系，完善知识产权交易平台，促进知识、技术等创新要素的市场化流通，实现价值最大化。通过健全收益分配机制，能够充分体现知识、技术等创新要素的价值，进而激发创新活力，加快形成新质生产力。

鼓励科技人才进行成果孵化，激发科技人才的创业热情。通过鼓励科技人才进行成果孵化，能够激发他们的创业热情，推动科研成果的产业化和商业化，为经济发展注入新的动力。在完善市场化激励机制的同时，注重加强对科技人才的价值观培育，使科技人才更加深刻认识到科技创新和产业创新对我国现代化建设的重要意义，引导科技人才主动担负起时代赋予的使命和责任。

第五章　矛盾论

时代的更替造就出历史，上一时代的物质资料为下一时代的社会发展提供条件，生产力的发展成为推动人类社会前行的根本动力。每代"在完全改变了的环境下继续从事所继承的活动"[1]，同时这种活动又反过来使旧的环境得到更新。每一次生产力的重大突破都标志着时代的进步和跃升，科技创新作为生产力发展的关键催化剂，不仅加速了生产力的跨越式发展，也推动了整个时代的发展和进化。新质生产力的出现顺应了时代发展的自然选择，也成为衡量中国特色现代化进程的重要尺度，代表着人类生产力发展到达又一新高度。新质生产力不仅具体展现了新时代生产力的发展和革新，同时成为中国现代化进程中的重要刻度。新质生产力是新时代特有的生产力形态，反映了生产力水平的质变，也成为新时代社会发展与文明进步的一个重要标志。

---

[1]　马克思恩格斯文集：第一卷 [M]. 北京：人民出版社，2009：540.

一、新质生产力与增强社会活力

社会活力是现代社会的根本特征，是衡量一个国家、一个民族是否能够以生生不息的运动状态存在着的重要标准。社会生产力作为推动社会进步的最活跃要素，与激发社会活力之间存在着密切的正相关关系。解放和发展社会生产力、激发和增强社会活力，是进一步深化改革的目的，也是条件。在马克思主义生产力理论视域下把握社会生产力、社会活力的哲学内涵，把握社会生产力和社会活力之间的逻辑关系，即是把握关于正确理解与处理生产力和生产关系、经济基础和上层建筑、国家治理与社会发展之间关系的世界观与历史观、认识论与方法论，是新的时代背景下进一步探究解放和发展社会生产力、激发和增强社会活力，以及构建二者之间的相辅相成关系的理论依据。

（一）社会生产力与社会活力的哲学内涵

在马克思主义生产力理论当中，生产力作为社会发展的物质根源，是推动人类社会前进的根本动力。在哲学层面进行内涵解读，需要探讨其本质，明确生产力是人认识、改造自然的现实能力；需要探讨其系统，明确生产力是由多要素组合构成的复杂系统；需要探讨其运动规律，明确生产力与生产关系的矛盾运动及其规律是推动社会历史发展的根本力量。

第一，生产力是人认识、改造自然的能力。在《资本论》中，马克思从抽象思维向具体思维过渡，并未孤立地探讨生产力的普遍性，而是将这一宏大的命题置于资本主义的特定时代及其制度框架之内进行剖析，揭示了生产力的本质特征，即生产力就是人能动地认识和改造自然的现实能力。一方面，人在劳动实践中付出了体力与智力，并在将自身的本质力量对象化、客体化的过程中作用于自然物，即是在自然的"人化"过程中不断创造着属人的世界。另一方面，在认识和掌握自然中蕴藏的规律，从而实现"人化自然"的过程中，人自身的智力、创造力等也实现了进一步的锻造。

第二，生产力是由多要素组合构成的复杂系统。马克思提出存在于劳动过程中的"简单要素"，即为"有目的的活动或劳动本身，劳动对象和劳动资料"[1]。由于劳动过程实质上是劳动者运用劳动资料并将其作用于劳动对象的过程，是人的创造力的体现，因此劳动过程的三个简单要素即构成生产力的要素。这其中，劳动者掌握着劳动技能与经验，作为生产力体系中最活跃的主体要素而存在；劳动资料是劳动者在改造劳动对象过程中所使用的工具与媒介，构成了连接劳动者与劳动对象的桥梁；劳动对象是这一过程中被劳动者利用劳动资料进行加工、改造的实体，承载着劳动者的智慧。同时，马克思强调"生产力中也包括科学"，表明科技要素对生产力的发展具有独特的推动作用。

第三，生产力与生产关系的矛盾运动及其规律。推动社会历史发展。在马克思主义生产力理论当中，生产力与生产关系的矛盾运动构成了社会历史发展的原动力。若将生产力视为人类与自然世界相互作用的体现，那么生产关系则深刻揭示了人类在生产劳动中构建的复杂系统，呈现人类劳动的社会化、协作化等特性。伴随生产力的不断发展，促使人们通过加强合作来提升效率，这一过程中自然而然地催生了社会分工的细化与深化。在这一前提下，不仅加速了生产力的发展，也导致剩余劳动产品的累积，为私有制的萌芽提供了土壤。但是，这一所有制结构在一定历史阶段转变为束缚生产力发展的枷锁，从而引发矛盾与冲突。破解冲突与障碍需要及时地变革生产关系，进而为生产力的发展"解绑"。从语义出发，"活力"意为旺盛的生命力，存

---

[1] 马克思恩格斯文集：第五卷 [M]. 北京：人民出版社，2009：208.

在于发展与变化之中，呈现着一种积极向上的态势。而对于社会活力在本质、特征、作用等方面的判定，则需要从马克思主义生产力理论当中进行探索和挖掘，形成关于社会活力的哲学理解。从社会活力的本质来看，与单纯强调"活力"不同，社会活力的核心来源于社会，同时是对社会生产生活的生命力、社会主体的创造力的动态化呈现。基于前文对于生产力、生产关系，对二者的矛盾运动规律的分析，以及对人与自然、人与社会的关系分析可知，人在调整和控制与自然之间的物质变换的过程中，人的有目的的实践活动赋予人的生命力以全新的意义。从这个意义上说，社会活力是在人与自然之间的物质生产实践当中，特别是在人与社会的关系当中产生的，从而社会活力在人的自觉自动的实践活动中被灌注"养料"。从社会活力的作用来看，社会活力是社会有机体的创造力和生命力，其作为必须存在的动力因素贯穿于人类社会发展过程始终。社会活力孕育于人的实践活动创造之中，人通过交往形成了社会活力。在生产关系和上层建筑能够适应生产力和经济基础的发展状况前提下，社会活力必将作用于人的自由全面发展、经济社会的持续发展、社会环境的安定和谐，使其自身的理论外延扩大为能力、动力、合力。

（二）社会生产力与社会活力的逻辑关系

作为社会发展的最终决定力量，生产力的发展能够为社会活力的激发提供物质基础、资源条件和技术要件。同时，社会活力表征着以调整和优化生产关系来更好地适应和推动生产力发展的深意，即是说明生产关系适配与否左右着社会活力的释放程度，从而对生产力的发展产生或正或反的影响。一方面，由于生产力在社会活动中具有基础性地位，因此激发和增强社会活力依赖于解放和发展生产力。在马克思主义生产力理论当中，明确了生产力是推动人类社会发展和进步的最终决定力量。同时，马克思主义生产力理论聚焦于从分工、生产、交往等社会关系角度解读生产力，而非传统的生产力理念，表明生产力不仅是一种自然关系，也是一种社会关系，从而衍生出生产力发展的社会作用。作为社会存在和发展的物质基础，生产力是社会矛盾运动中具有决定性的动力因素，"比其他任何东西都更能使全世界的社会状态发生革命"[1]。在这一层面，说明解放和发展生产力在实现物质财富增长的过程中，对于推动社会进步、激活社会内生动力，从而推动世界历史发展起着根本且长远的作用，而且这种作用的发挥不限于一时一域。

生产力的发展从不局限于物质文明的基本内容，人的自由全面发展，以及政治文明、精神文明、社会文明、生态文明等的发展绝不是独立于生产力发展状况之外的，而是生产力的解放和发展在诸多领域、诸多方面、诸多系统内对其形成支撑，从而充分激发和增强社会活力。从发展生产力作用于人的自由全面发展角度看，人作为生产力中最活跃的因素，人的实践活动是生产力发展的现实土壤，从而人在此过程中发挥的主观能动性和创造性能够很大程度地掌控和决定生产力的发展。同时，在这一过程中，生产力的发展需要将满足人的自由全面发展作为目标旨归，协同促进人的物质财富积累和精神境界提升，满足人对主体意识、实践理性和更高价值的追求，以此释放人的潜能。说明社会活力蕴生于人的社会生活、社会交往之中，人是社会活力的主体；且发展生产力不仅局限于帮助和支撑人们找到生存与发展道路，更重要的是使人们能够不断获得新的、更为全面的发展生机，进而为充分激发社会活力发挥主体力量。从生产力的发展作用于政治文明、精神文明、社会文明、生态文明的角度看，生产力的解放和发展能够促进政治制度的创新和完善、增强政治稳定和政治权威、推动民主化进程；能够为精神生产提供物质基础，在不断地提升人民精神境界和道德水平过程中增强社会凝聚力；能够标注社会的开化和进步状态，大力提高全社会文明程度；能够打破资源要

---

[1]　马克思恩格斯文集：第九卷 [M]. 北京：人民出版社，2009：561.

素制约、释放生态环境压力，有效推动生态文明进程，从而在验证生产力的发展是推动社会发展进步的本原和长远的力量中，全面地、系统地、科学地为激发社会活力提供来自物质文明、政治文明、精神文明、社会文明、生态文明等层面的强劲动力。另一方面，由于生产力决定生产关系，生产关系对生产力发展起促进或阻碍的反作用，因此需要塑造与生产力发展相适应的生产关系，倘若生产关系束缚生产力的发展，社会势必缺乏活力。马克思主义生产力理论不是"唯生产力论"，而是始终观照推动生产关系和生产力、上层建筑和经济基础的相适应。马克思在《〈政治经济学批判〉序言》中指出："社会的物质生产力发展到一定阶段，便同它们一直在其中运动的现存生产关系或财产关系（这只是生产关系的法律用语）发生矛盾。于是这些关系便由生产力的发展形式变成生产力的桎梏。那时社会革命的时代就到来了。随着经济基础的变更，全部庞大的上层建筑也或慢或快地发生变革。"[1] 在这一分析框架下，生产力不断发展的新状况，需要塑造与之适配的生产关系；反之，则会抑制生产力的进一步发展，也难以为社会生产活动提供更充足的动力、拓展更广阔的空间。社会活力是一个多层次的概念，这便决定着激发与增强社会活力必然是一项复杂艰巨的工程，不仅需要系统谋划，而且更加需要关注发展生产力与塑造相适应的生产关系这一揭示社会进步与发展的关键。具体地说，生产力的发展与跃迁，势必催生人增强社会活力与发展社会生产力的诉求呈现多层次、多方面、多样性的变化趋势，且与原有经济条件相适应的社会制度，以及生产、分配、交换和消费等诸多关系可能束缚生产力的进一步发展。其中"破题"关键在于要不断冲破生产关系和上层建筑的束缚，推动深层次生产关系变革以适应生产力的发展状况，从而在最大限度解放和发展生产力的牵引下调动一切积极因素，形成社会活力竞相迸发、充分涌流

---

[1] 马克思恩格斯文集：第二卷 [M]. 北京：人民出版社，2009：591—592.

的局面。在这一重要前提下，社会活力的激发与增强得益于生产关系和上层建筑的调整和完善。因此，社会活力同生产力与生产关系的矛盾运动也构成了相辅相成、互为条件的辩证统一关系，即是社会活力的激发，包含且不限于经济活力、政治活力、文化活力、交往活力、生态活力等，特别是人的能动性、积极性、创造性的发挥，也表现为社会中各类体制机制、各种经济社会活动的开放性、活跃性、创新性，会对生产力的进一步解放和发展起着积极的推动作用；反之，社会活力的抑制将会阻滞生产力的发展。

二、新质生产力与多元产业相平衡

在科技高速发展的今天，我国的经济进入了一个新的发展时期，传统工业在新形势下遇到了前所未有的挑战，进入了发展的困境。新质生产力在此背景下产生。新质生产力相对于传统生产要素具有更强的技术创新能力，以知识为核心，以数据为基础，以信息技术为支持，以智能为核心特征。新质生产力为传统产业转型和新兴产业的孕育搭建"助推器"，并成为引领未来产业发展的关键动力。它符合当代科技进步背景下，特别是对于战略性新兴产业和未来产业所需的品质和能力。新质生产力不仅能够利用新兴科技对传统产业进行改造，促使其焕发新生，还能推动战略性新兴产业的发展，培育新的产业增长点。同时，它还能激发未来产业的萌芽，成为推动经济发展的新引擎。新质生产力是对传统产业的"扬弃"，在量变发展中实现战略性新兴产业的质的飞跃，为发展未来产业铺垫基础，对于推动我国产业结构调整、实现多元产业平衡具有重要意义。

（一）把握新质生产力与传统产业的对立统一

劳动资料是社会生产力的基础因素，是关系到人类生存和发展的基础性问题。在进行劳动实践的过程中，劳动资料扮演关键角色，是"劳动者置于自己和劳动对象之间，用来把自己的活动传导到劳动对象上去的物或物的综合体"[1]。劳动资料作为劳动者将自身思想意愿转变成现实行为的桥梁，对劳动对象产生作用。在传统生产力的提升过程中，通常依赖于资源的增加和劳动力的扩充。相对而言，新质生产力的提升更多地依赖于创新的推动，生产工具也在不断地从机械化向智能化转变。新质生产力在对传统产业的"扬弃"中，在对人工智能技术的运用中，促进了传统产业转型升级，实现了劳动方式的变革，促进了生产力的飞跃发展。因此，需要从新质生产力与传统产业的对立统一关系中把握新质生产力的重要意义。

新质生产力的实质是"创新"，而"新质"的发展又依赖于具有"新质"要素的产业。新质生产力的生成与发展离不开现代产业的支持。传统产业是现代产业系统的重要基石，是确保现代产业系统的完整牢固的重要一环。传统产业不但对新兴产业和未来产业具有根本性的影响，在其升级涅槃后，传统产业本身也能催生新的产业形态，孕育出新质生产力。我国的传统产业规模巨大，占制造业总量的80%以上，是国民经济的主要支柱。我国传统产业的健康发展关系到我国现代产业体系的整体构建。与此同时，面对部分西方国家"脱钩断链"行为，如果将其简单地视作低端产业，对其完全放弃，就容易造成产业空心化，从而影响产业链、创新链和价值链的完整和安全，不利于新质生产力的生成。因此，传统产业的转型升级不仅是必要的，也是推动新质生产力发展的关键步骤。

---

[1] 马克思恩格斯文集：第五卷 [M]. 北京：人民出版社，2009：209.

　　传统产业构成了战略性新兴产业和未来产业发展的根基和先决条件。在工业领域，每一种工业的发展都需要依赖于其他工业生产力的协同合作。同样，传统产业对于战略性新兴产业和未来产业也具有不可或缺的作用，它们之间不是简单的上下级或替代关系，而是一种相互依赖、共同进步的伙伴关系。战略性新兴产业和未来产业的成长和发展依赖于传统产业的坚实基础。例如，半导体产业的发展需要依赖传统的电镀技术，而智能化工业机器人的制造也需要传统的焊接工艺作为支撑。这表明，传统产业是战略性新兴产业和未来产业的基石。为了促进新质生产力发展，我们应当在未来持续深化对传统产业的投入和创新，不断提升产业基础能力和产业链的整体效能，实现不同产业间生产力的有效联合，从而激发新质生产力的强大动力。

　　传统产业能够借助新质生产力，在优化和升级中转化为战略性新兴产业和未来产业。一方面，通过对传统工业进行高科技改造，可以对其生产过程和管理方法进行优化、升级，提高生产效率，提高产品品质。比如，将人工智能、大数据等技术应用到制造过程中，可以实现生产过程的自动化、智能化和信息化，提升产业链的现代化程度。另一方面，新科技与传统工业相结合，有利于实现新能源汽车产业向新兴产业转变。新兴产业、未来产业不可能一夜之间造就，需要以传统产业为成长土壤。以传统汽车行业为例，将传统的汽车改装成采用动力电池的新能源车，就实现了传统的汽车行业向新兴产业的华丽蜕变。这说明，传统工业与低端工业是不同的。只有坚持走高端化、智能化、绿色化的发展道路，才能推动新质生产力的生成与发展。通过不断的技术创新和管理升级，传统产业可以焕发新的活力，为经济发展贡献新的动力。

　　新质生产力以科技创新为基础，促进传统工业的转变和升级。一方面，数据中心地位越来越凸显。生产力的发展离不开先进的生产方式与科技，而数据既是新质生产力的基石，又是最有价值的资产。在"互联网+"战略背景下，大量新业务、新模式涌现，大数据价值被再评价与挖掘，已成为推动各行业实现数字化转型的重要力量。通过对大数据进行深度挖掘与分析，企业可以更加精准地把握市场需求、优化生产工艺、提高产品品质，从而获得竞争优势。而在这种转变中，科学技术扮演着举足轻重的角色，深刻影响着我们的社会生活与经济行为。随着工业互联网、云计算、大数据、物联网等技术的不断发展，在加快传统行业实现"互联网+"的同时，也为企业的智能管理、提高企业的生产效率提供了强有力的技术支持。比如，云计算使得企业可以进行统一的管理，并有效地进行数据的共享，从而极大地提升了工作的效率；物联网技术为制造装备提供了实时的信息交互与智能化控制，减少了运行费用，提高了生产的柔性与反应能力。这些技术的结合和运用，可以让传统工业在保持自身的传统优势的同时，更好地适应时代发展，加快向智能化的转变。这为科技创新与创业者创造了一个更大的平台，也为新兴产业的诞生与成长打下了良好的基础。

（二）把握新质生产力与战略性新兴产业的质量互变

战略性新兴产业是新一轮科技革命和产业变革的风向标，它们具有高科技含量、高能效和高质量等新质生产力的显著特点，其发展对国家整体和长远利益具有重大影响。2008年国际金融危机之后，中国首次提出并实施了培育和发展战略性新兴产业的计划。自那时起，特别是自党的十八大以来，包括信息技术、装备制造、生物技术等新兴产业经历了从小到大、由弱变强的跨越式发展，取得了显著成就，并在多个关键领域实现了从无到有、跨越式发展的突破，成为新质生产力的显著标志和典型代表。这一过程表明，新质生产力的孕育和成长是一个逐步积累、由量变到质变的过程。因此，为了促进新质生产力的发展，必须不断壮大战略性新兴产业，为它们提供充足的发展资源和良好的成长环境，推动战略性新兴产业持续为国家经济发展注入新的活力和创新动力。

在 2023 年 12 月召开的中央经济工作会议上，明确指出，"以科技创新引领现代产业体系建设"是 2024 年经济工作的重点，并强调要通过科技创新带动产业创新，尤其要以颠覆性和前沿技术催生新产业、新业态和新动能，从而推动新的生产力发展。2024 年的《政府工作报告》也将"大力推进现代化产业体系建设，加速新质生产力的发展"作为首要任务，从三个关键方面进行了全面规划：一是推动产业链供应链的优化升级；二是积极培育新兴产业和未来产业；三是深化数字经济的创新发展。报告还特别强调了"培育壮大先进制造业集群""促进战略性新兴产业的集群化发展"以及"打造具有国际竞争力的数字产业集群"的重要性。党中央和国务院的这些决策部署，为协调产业集群建设、推动新质生产力的发展提供了清晰的方向和目标。这些举措旨在通过科技创新和产业创新，推动经济结构的优化升级，增强产业的国际竞争力，为经济的持续健康发展奠定坚实基础。

首先，协调推进先进制造业、数字产业以及高效生态绿色产业的集群建设，旨在构建一个分层次、有序发展的战略性新兴产业集群体系。在这一过程中，要优化不同集群在区域和领域的布局，专注于工程机械、轨道交通、光电子信息、能源电力装备等关键领域，以培育具有全球竞争力的先进制造业集群；同时，聚焦新型显示器件、集成电路、人工智能等前沿领域，形成具有跨行业、跨区域影响力的数字产业集群；并增加对产业集群中可再生能源、能效提升和环境基础设施的投资，鼓励企业在特定区域建立绿色产业园区，发展高效生态绿色产业集群。同时，要充分利用京津冀、长三角和粤港澳等地区的科教创新资源、雄厚的制造业基础、强劲的数字经济和绿色经济发展要素，推动产业向智能化、绿色化转型，打造一批高端产业集群。此外，加强政策的协同作用，建立跨部门、跨区域的协调机制和产业集群的垂直管理机制，支持产业集群核心承载区建立运营机构，并构建从主管部门到产业集群再到运营机构的上下协同机制。在国家层面,要对集群建设情况进行动态评估,并根据评估结果加强分类指导和支持。地方政府则应根据各自的优势特色产业基础和发展定位,明确发展方向和突破口,积极培育具有潜力的产业集群,针对本地集群升级和创新发展的薄弱环节,发挥政策组合的效力,精准提升集群的升级和创新能力。

其次,促进战略性新兴产业集群内的创新链与产业链深度融合,加速原创性、颠覆性科技创新成果的转化与应用。一方面,根据产业链的需要来安排创新链。这包括推动传统产业向数字化、智能化、绿色化转型,同时培育和发展人工智能、6G 等新兴产业,以及前瞻性地培养脑机接口、量子科技等未来产业。同时,完善基础科学研究问题的形成机制和原创性、颠覆性技术的筛选机制,适时部署一批关键核心技术的突破项目。推动国家战略科技力量形成协同联动的基础研究创新结构,加强基础研究的原创供给,并增加国家科技项目和重大工程对中小企业科技创新的支持。另一方面,根据创新链的需求来布局产业链。在创新过程的早期阶段就确定其产业化的目标和方向,充分发挥企业在创新中的主体作用,畅通科技成果向产业转化的路径。创新科技成果转化机制,推动资金、技术、应用、市场等要素的有效对接,推动从基础研究向成果转化和市场应用转化的衔接。将科技和经济、创新成果和产业、创新项目和现实生产力、研发人员的创新劳动同收益相结合,探索并完善有助于原创性颠覆性技术成果及时产业化的新机制。

最后,增强人才链、资金链、数据链等关键要素的整合,打造一个以战略性新兴产业集群为基础,促进新质生产力快速发展的优良创新环境。一方面,要建立与集群发展需求相匹配的要素保障体系,加强创新链、产业链、资金链、人才链和数据链的协同配合。针对关键和新兴领域,协调推进综合型人才的培养、引进和使用机制的改革,不断优化人才队伍结构。实施针对性的"高精尖缺"人才引进计划,提升人才引进与产业需求的匹配度。同时,鼓励金融机构加强对知识、技术和产业创新的金融支持，构建"科技—产业—金融"的正向循环。加强数据基础设施的建设，发挥数据作为关键生产要素的作用，推广智能技术和绿色技术的应用。另一方面，要形成与新质生产力发展相适应的新型生产关系，并加强政策的协调一致性。全面执行经济和科技体制改革的要求，确保各项政策同向发力、形成协同效应。建立宽容失败的容错机制，对新兴技术和产品实施包容性的审慎监管，为新质生产力的形成营造有利的制度环境。强调细分领域的特色，利用龙头企业在资本、品牌和供应链方面的优势，构建"1+N"的产业链合作伙伴体系。利用数字智能技术，构建一个线上线下结合、产学研协同、大中小企业共同创新的优良生态。

（三）把握新质生产力与未来产业的相互促进

生产力的进步与生产关系的转变在很大程度上体现于产业结构的优化升级。随着新质生产力的兴起，我国的产业结构也在经历着相应的调整和改善。未来产业位于世界产业链的最前端，是一国参与国际分工的核心环节。要把科技创新资源集中起来，把新兴产业、未来产业作为先导，加速新质生产力的形成发展。通过持续地进行技术革新，改变技术方式，新质生产力将为未来产业的发展奠定技术基础。作为新质生产力中最活跃的驱动力，尽管未来产业目前仍处于起步阶段，但它对经济社会的整体发展具有全面的引领和变革作用。因此，需要把握新质生产力与布局未来产业的相互促进关系，进而在世界产业发展中占据优势。

新质生产力因其先发优势，对未来产业的发展起着至关重要的作用，有助于改变我国在全球产业链中的定位和角色。新质生产力依靠科技创新与发展模式的转型，为国家产业结构的调整与优化提供了新的动力，并使中国在国际分工中的位置与角色发生了变化。一方面，我们国家在全球产业链上的位置逐渐上移，我国企业的定位也从跟随者日益转变为领跑者。一旦在技术创新和产业转化上取得突破，先行国家与地区就能迅速构建包括知识产权、产品标准在内的先发壁垒，同时具有融合赋能效应。例如，未来材料、未来网络等技术能够广泛渗透到传统产业链的各个环节，引领传统优势产业向高端化、智能化、绿色化转型。在产业结构调整过程中，通过发展智能制造、绿色低碳等未来产业，我们不但可以有效地提高国内的产业链水平和等级，而且还可以在国际市场中建立起自己特有的优势，让我们的企业在世界市场中崭露头角，从而推动经济的整体实力得到进一步增强，大幅度地提升我们的国际影响力。从长远看，产业结构调整对经济增长的积极作用会越来越明显。我们国家将会在世界产业链上占有更有利的位置，掌握更多的发言权，占据更重要的领域，进而推动我们的经济向更高的层次发展。这不仅仅是在经济上的增长，更是一个国家综合实力的提高。中国将从一个被动的接受者，转变为一个积极参与和积极发声的经济大国，展现出中国强大的影响力。我们将以更大的信心、更积极的姿态，在技术研究、产品创新和国际贸易规则的制订上表现出更大的信心。这不但有利于中国自身发展，而且有利于世界经济的稳定和繁荣。

在推动形成新质生产力方面，未来产业将起到举足轻重的作用。未来产业是以尖端技术、重大技术革新为基础的产业领域。虽然未来产业尚处在发展的初级阶段，但其增长空间巨大，增长潜力无穷，将会对整个国家的经济和社会的发展起到极强的推动作用。首先，未来产业是国际竞争中的制高点，正逐渐成为全球产业竞争的焦点。全球范围内，美国、欧洲等地区已经纷纷制定战略规划，积极布局未来产业。从历史经验来看，我国在某些20世纪70年代至80年代的未来产业领域起步并不算晚，但由于多方面因素的制约，这些产业未能得到有效的培育和发展，导致了目前在关键核心技术上的瓶颈问题。鉴于全球趋势和历史教训，前瞻性地布局未来产业、加速新质生产力的形成变得尤为紧迫，这是加强自主创新能力、构建非对称技术优势的战略机遇。

其次，未来产业是构建经济增长新动力的战略抉择。面对当前我国经济面临的复苏挑战，前瞻性地布局未来产业不仅有助于培养一批规模大、带动力强的新支柱产业，为现代化产业体系建设提供坚实的战略支撑，也有助于提升经济发展的韧性。提高国内大循环的内在动能与稳定性，提高国际循环的品质与层次，促进我国经济质量的大幅提高与总量的合理增长。

三、新质生产力与新型生产关系相适应

基于马克思主义的理论原则，生产力决定生产关系，生产关系必须适应生产力，需要构建与生产力相匹配的生产关系。同时，生产关系对生产力具有反作用，要求我们重视生产关系对生产力的影响，进而，在生产力和生产关系的矛盾运动中推动人类社会的发展。科学技术是第一生产力，并在持续突破中推动着社会发展和社会整体生产力向前迈进。新质生产力是生产力的当代变革，深刻影响着人们的生活方式和生产方式，呼唤与之配对的具有新特质和新内涵的新型生产关系。新质生产力和新型生产关系如同鸟之双翼，在矛盾运动中共同推动人类社会向前发展。

（一）新质生产力决定新型生产关系

分工是生产力的历史运动形式，生产力决定生产关系，生产关系是生产力的社会表现形式。分工的发展程度展示着生产力的发展水平，"受分工制约的不同个人的共同活动产生了一种社会力量，即成倍增长的生产力"[1]。这种生产力的发展又反过来"引起分工的进一步发展"[2]。继而，这种分工的发

---

[1] 马克思恩格斯文集：第一卷 [M]. 北京：人民出版社，2009：537-538.

[2] 马克思恩格斯文集：第一卷 [M]. 北京：人民出版社，2009：520.

展进一步引发生产关系的变化。因此，新质生产力背景下产生了新的分工状况，也对生产关系变革提出了新的要求。因此，新质生产力背景下新的分工形式呼唤新型生产关系，并从所有制关系、人在生产中的地位和关系、分配关系三个方面塑造出新型生产关系。

第一，新质生产力决定了新型生产关系中的所有制关系。分工让精神活动和物质活动、享受与劳动、生产与消费由不同的个体分别承担成为现实，分配随之出现。但这种分配"是劳动及其产品的不平等的分配（无论在数量上或质量上）；因而产生了所有制"。[1] 与历史上的传统农业社会和工业革命初期所普遍存在的纯粹私有制以及社会主义国家初期所实行的纯粹公有制不同，在全球化的市场经济条件下，现代社会的所有制呈现出多样化的特点，生产资料的所有制性质也难以单纯界定为公有制或私有制，混合所有制的组织形式日益增多。我国以公有制为主体，多种所有制经济共同发展的基本经济制度既坚持了生产资料占有的社会主义属性，又支持各种所有制经济优势互补、共同发展。公有与公有的结合、私营与私营的融合以及公私的混合等混合所有制特点明显。从投入股份来看，既有基于资金投入形成的股份，也有基于技术、管理、数据等非货币资产投入形成的股份。从投资者群体来看，社会公众和机构投资者所占的比重不断增加，散户股民群体的壮大是有力佐证。

在新质生产力发展进程中，生产要素进行着显著的变动。与农业革命、工业革命中的劳动、资本、土地和管理等传统的生产要素不同，在当前的数字时代，作为一种新型的生产要素，数据愈加具有重要性，且数据的所有属性更多表现为公共性。同时，随着人工智能技术的发展，包括数据要素在内的各种要素间的结合和相互嵌套越来越复杂。为此，亟须对数据要素的所有

---

[1] 马克思恩格斯文集：第一卷 [M]. 北京：人民出版社，2009：535-536.

权问题展开深入研究，并用法律的方式予以界定。尤其是，要充分认识到数据产权在各个生命周期中的变迁，这是构建新型生产关系的重要内容。对数据及其有关要素进行产权界定，是实现生产关系具体化、规范化、法制化的重要环节。建立数据产权有利于激发数据要素高效投入、促进新质生产力发展、保护要素所有者基本利益。

随着新质生产力的推进，作为传统生产要素的组成部分，劳动分工和劳动者结构也在发生新的变化。技术的不断进步和广泛应用已经将数字技术深入融入到劳动过程中，智能化技术以数据和算法为核心，正逐步替代传统的技能要求。这导致劳动力市场出现了两种相反的趋势：一方面，某些劳动岗位变得更加智能化；另一方面，一些劳动工作则变得更为简单化。在这样的背景下，劳动者群体内部的分化日益明显，形成了技能型劳动者和低技能或无技能劳动者两大阵营，其中技能型劳动者虽然在人口中占少数，但社会对他们的需求却在不断增长。与此同时，低技能职业的岗位正在经历缩减，一些岗位转向了新的服务行业，或者面临着被自动化技术取代的风险。数字技术的深入研发进一步加剧了劳动者之间的分化，那些具备创造性的科技劳动者可能会从数字化的劳动过程中获益，而那些仅执行简单工作的劳动者则可能成为指令操纵中的一部分，他们的权益和需求可能更容易被社会所忽视。此外，不稳定的雇佣方式，如非正式、临时或非全日制工作，正在取代传统的长期雇佣方式，随着我国经济的快速发展，大量依靠体力输出的工人面临着就业不稳定的现实状况，影响到他们的收入水平和生活质量。要解决这一问题，就必须使再分配制度更加完善，特别是加强对低技能劳动者群体的保护和支持，通过加大转移支付，推动基本公共服务均等化，切实缓解贫困家庭的经济负担，确保他们能够共享社会发展的成果。

第二，新质生产力的发展让人在生产中的地位和关系发生新的变化，人和人之间的交往日渐打破地域限制，在全球范围内快速流动。在《德意志意识形态》中，马克思将生产和交往统一起来，同时，随着生产和交往的分离分工进一步扩大，"产生了同邻近地区以外的地区建立贸易联系的可能性"[1]，城市与城市之间构成了互联网络，并由于新型劳动工具在城市之间的流动，生产和交往的分工进一步推动了城市之间在生产领域的专业化，每个城市都发展出了自己的主导工业部门，确立了其在生产链中的特定优势和地位，生产和交往的地域局限性开始逐渐消失。由于所有制关系的变化以及各个国家或地区都致力于劳动者保护，在劳动过程中，人们的地位和相互关系随之也发生变化。传统经济时代，管理者与工人界限分明，管理呈现刚性特征，劳动场所、劳动资料、劳动对象和工作流程都固定。数字经济时代，生产要素在全球流动，物联网上的每一家企业都是全球生态链中的供应者和需求者，企业成了完全开放的没有围墙的企业，车间成了完全开放的没有物理隔断的车间，柔性管理代替了刚性管理，劳动场所、劳动资料、劳动对象都呈现出不固定性，即时办公、随处办公成为常态，企业内部员工没有管理与被管理的关系，都是企业的管理者又是被管理者，都成为企业经营网络中的一个节点，人们之间的地位没有高下等级之分，真正实现了平等。

同时，生产与交往间的分工呼唤高标准市场体系并实现高水平开放。首先，在新质生产力发展的背景下，技术创新不仅推动了生产方式的革新，也促成了商业模式和市场标准的革新。从商业模式的变革来看，我们必须充分认识到商业模式创新对于培育新兴产业的重要影响，企业应积极开发新型的、有商业价值的新型增值服务模式，以促进企业的发展。从市场交往的视角，我们可以看到，科学技术的创新和市场体系的变化是密切相关的。科技创新是建设高标准市场体系的重要技术支撑，它既能促进突破性产品创新，又能促进企业与消费者之间产生新的交互关系。新的交互关系引发数据利用的变

---

[1] 马克思恩格斯文集：第一卷 [M]. 北京：人民出版社，2009：559.

革,利用大数据实现市场营销策略和营销模式的创新,进而精准锚定市场需求。高标准市场体系需要高品质的产品与服务,高水平的科技投资,高效率的供求关系。这一制度有助于实现创新资源的最优分配,并激励各方对创新的投入,并反之推动创新的深入发展。其次,新质生产力的发展要求实现高水平对外开放。在历史发展的最初阶段,世界不同地域独立地进行着发明创造,但只有以大工业为基础,当交往活动扩展到全球范围的时候,在世界各民族均被卷入竞争和斗争的旋涡的时候,"已创造出来的生产力才有了保障"[1]。各民族之间的关系,取决于各民族的生产力发展水平,劳动分工的情况,以及各民族之间的交往程度。同时,"民族本身的整个内部结构也取决于自己的生产以及自己内部和外部的交往的发展程度"[2]。这即是说,一个民族的内部组织和社会结构是与其生产方式和交往模式紧密相连的。新质生产力为国内经济的增长带来了新的活力,同时也为全球经济的增长和世界整体发展开辟了新的可能性。我国的经济已与世界经济联系深度绑定,充分发挥国内、国际两个市场,实行更高水平的对外开放,已成为大势所趋。更高水平的开放,既是推动改革深入的动力,也对破解全国统一大市场、构建新发展格局等正在面临着阻碍瓶颈等重大改革问题发挥着至关重要的作用,对于全面建设社会主义现代化国家至关重要。通过参与全球治理体系改革和建设,我国日益走近世界舞台中央,并努力推动全球治理朝着更加公正合理的方向发展,进而为世界各民族谋求平等互利,为构建人类命运共同体作出中国贡献。

第三,新质生产力带来生产要素的变化和劳动技能的分化,引发了分配关系的深刻变革。当前世界进入数字时代,收入分配表现新的特征。一是在信息时代,产业的数字化、智能化和网络化正日益成为主导趋势。这种趋势

---

[1]　马克思恩格斯文集:第一卷 [M]. 北京:人民出版社,2009:560.

[2]　马克思恩格斯文集:第一卷 [M]. 北京:人民出版社,2009:556.

促使产业链的虚拟集聚逐步取代了传统的地理空间集聚，资源的全球配置导致资本流动、制造业分工和消费者市场多元化，引起了全球价值链的新分化与垄断。产业的数字化、智能化和网络化升级显著降低了生产成本，扩大了获利空间，这使得全球创造的财富以更快的速度增长，从而为财富分配提供了更大的空间。二是分配方式变得更加多样化，分配关系也更加复杂化，涉及更多的生产要素参与到收益分配中。股权收益、期权收益和风险收益等远期收益形式日益增多，劳动、资本、土地、知识、技术、管理、数据等生产要素都在共同参与收益分配。在这一过程中，传统产业在数字化改造中越来越倾向于与技术投入企业共享新增利润，而不是由原企业单独增加投资。新兴产业的平均利润率普遍高于传统产业，特别是具有颠覆性的技术，能够带来巨大的超额利润。同时，个人或企业拥有的生产要素数量直接影响其收益分配的规模，随着越来越多的人拥有多个生产要素，他们能够获得更多的"复合收益"。三是资本与流量的融合让收入的获取方式变得更加快速，提高了收益的可获取性，也反映出数字时代经济活动的新特点。

新质生产力将实现全体人民共同富裕作为价值追求，因此需要构建合理的初次分配和再分配的新型分配关系。在初次分配阶段，我们应当给予对新型生产要素贡献的认可，同时更要强调劳动作为主导要素的价值，确保劳动所得在分配中占有恰当的比重。当前，"按劳分配"仍是我国的主要分配方式，"按生产要素分配"尚未被正式确立为主流分配依据。伴随着新质生产力的发展，参与分配的要素也在发生巨大变动，特别是数据和其所蕴含的创新性因素越来越突出，各个要素间的相互融合程度也越来越高。在调节分配关系上，一方面要肯定诸如数据此类新型生产要素在分配过程中的权益，尤其是要对一般劳动者参与数据生产与创新的权利给予特别关注，确保他们能够公平地分享到发展的成果，进而激励要素所有者更加积极地参与到生产活动中，充分发挥其创造的主动性。同时，在调整劳资关系时，要对资方的权力进行一定的控制，适当地向劳动者倾斜，以确保分配制度的公平性和合理性，促进社会和谐与经济的可持续发展。

在再分配阶段，必须强化税收作为要素再分配调节工具的功能。税收是一项强制性的法律制度，如果设计合理，将对社会财富的再分配发挥重要的调控功能。在生产力水平不断提高的今天，迫切要求建立一套合理的税收制度，对新型要素进行有效调控。因此，需要建立健全与新质生产力相适应的税制体系来调节分配社会财富。在堵塞资本方避税、逃税的漏洞的同时，应使税制更加公正和合理，更有效地减轻劳动者的税收负担。此外，需要构建一个与新时代相适应的税收体系，这一体系应有助于调整要素分配的比例，促进财富向民众倾斜，扩大中等收入群体，从而提高社会的消费能力。要注重税收制度的公平性、透明性、灵活性、激励性，确保税收制度最大程度上对所有收入群体公平，有清晰明确的税收政策和法规，既能适应经济环境的变化，及时调整以满足社会发展的需要，又通过税收优惠等措施，激励创新和投资，进而使税收兼顾产品质量和社会福利。通过制定契合新质生产力发展的税收制度，能够实现更合理的收入分配，促进社会公平和经济的持续健康发展。

（二）新型生产关系对新质生产力具有反作用

为了进行生产活动，人们之间需要建立联系和关系，"只有在这些社会联系和社会关系的范围内，才会有他们对自然界的影响，才会有生产"[1]。依据生产力的发展水平，生产者之间交换劳动和参与生产活动的条件各不相同。同时，生产关系对生产力具有重要的反作用，不断改革和创新生产关系，是释放和发展生产力的关键途径。实践表明，那些不符合新质生产力发展要求的生产关系，是制约新质生产力发展的主要障碍。建立与新质生产力相适应

---

[1] 马克思恩格斯文集：第一卷 [M]. 北京：人民出版社，2009：724.

的新型生产关系，是促进其发展的重要条件。因此，要打破限制新质生产力发展的障碍，关键在于摒弃过时的生产关系，创造性地构建适应新时代要求的生产关系。这需要我们进一步深化经济、科技体制改革，构建统一的市场规范，建设高标准市场体系，实现生产要素的有效配置。借助此类举措，利于各种优质生产要素顺利地向新质生产力的相关领域涌流，不断激发新技术的发展，从而推动新质生产力的持续进步。

第四次工业革命，以其核心特征人工智能化，与前三次工业革命有着本质的区别。它不是简单地用非自然力取代人力，而是用非自然力取代人类的脑力劳动，导致人类在体力和脑力劳动中逐渐失去主导地位。这一变化凸显了人工智能技术和智能机器在发展新质生产力中的关键作用。如果无法克服人工智能技术的障碍，发展新质生产力可能只会成为空谈，同时我们也可能错失全球工业革命为中国式现代化带来的巨大机遇，这将进一步拉大中国与发达国家之间的差距。要突破人工智能技术的障碍，首先需要解决技术"卡脖子"问题。在当前世界地缘政治和全球产业链重构的背景下，由于人工智能技术直接关系到国家竞争力，与人工智能技术相关的设备、产品、工艺、材料、软件等都可能成为西方国家对中国实施技术封锁的领域。有时，一个产业可能因为缺乏某个生产环节的关键技术而不得不降低标准，甚至导致整个产业的瘫痪。为了加速智能化技术的创新，我们需要从制度、技术和市场这三个相互关联的维度进行分析。其中，技术是创新的基础，市场既是引力也是推动力，而制度则是激励和约束科技创新活动的关键因素。在其他条件不变的情况下，制度决定了科技创新活动的利益结构以及对市场行为的激励或约束程度。一般来说，在解决"卡脖子"问题上，制度创新是根本，是高于技术的因素，是推动新质生产力发展的突破口和核心。通过制度创新，我们可以为技术创新提供更有利的环境，激发市场活力，从而推动新质生产力的发展。

促进新质生产力发展的制度创新，其核心在于平衡政府对产业政策的支持与市场自我调节的能力，即在依赖政府与依赖市场之间找到一个基本的平衡点。国际经验为我们提供了可借鉴的规律。例如，欧美国家之所以能在科技和经济上长期保持领先，是因为它们在科技发展上没有现成的经验可循，愿意承担高昂的探索成本。这些国家的历史选择是将决策权交给市场，依赖企业家精神和市场竞争来推动技术创新和产业发展。在当前的全球格局中，中国的快速发展给西方国家带来了压力，促使它们也开始利用政策手段支持企业创新。与此同时，中国虽然错过了前两次工业革命的机遇，但通过改革开放赶上了信息技术革命的末班车。面对与先行工业化国家的技术经济差距，中国选择了集中有限资源，重点发展特定技术领域和产业，并充分发挥了政府的作用。由于可以借鉴工业化国家的技术发展路径，中国过去的发展具有成本低、风险小、速度快的特点。在以智能技术为核心的第四次工业革命中，在发展新质生产力的主张下，中国必将站在生产力发展的前沿，与发达国家在某些技术产业上并驾齐驱，甚至在某些领域取得领先。在这种情况下，我们更加需要自主探索技术与产业的发展路径，降低发展成本并最大化效果，既要信任市场机制，发挥市场在资源配置中的决定性作用，同时政府应扮演好引导和监管的角色，共同推动形成新质生产关系，进而推动新质生产力的持续健康发展。

（三）新质生产力与新型生产关系在矛盾运动中推动社会发展

理解生产力与生产关系之间的相互作用是掌握新质生产力与新型生产关系之间联系的关键。生产关系不是恒定不变的，随着生产力的发展变化，生产关系也发生阶段性变化，同特定历史阶段的生产力状况相契合，这是由社会历史发展规律所决定的。运动发展着的生产力和生产关系，当在某一阶段发生矛盾时，当现存的生产关系与生产力发展不相适应，成为制约生产力发展的障碍时，变成生产力的桎梏时，就必须进行改造变革，塑造出与之相适应的新的生产关系，"社会革命的时代就到来了"[1]。必须看到，虽然生产力的发展最终会引起生产关系的变化，但是，这一变化不一定会在短时间内出现，也不会随着生产力的发展而同步变化，二者的演变均经历量变到质变这样的过程。只有当生产力达到一定水平，能够达到质的飞跃时，生产关系才会发生根本的变化。这实际上为我们提供了机遇，使我们能够有所准备地主动地对生产关系进行调整、优化，从而与生产力发展相适应。正如马克思所分析，"无论哪一个社会形态，在它所能容纳的全部生产力发挥出来以前，是决不会灭亡的；而新的更高的生产关系，在它的物质存在条件在旧社会的胎胞里成熟以前，是决不会出现的"[2]。

新质生产力作为当代推动生产力发展的核心引擎，不仅引领着生产力的整体进步，也是社会文明向前发展的关键动力。新质生产力的扩展程度和演变速度直接影响新质生产关系所呈现的新特点和变化节奏，不可避免地会促成新质生产关系的产生。新质生产力具有不断演进的特性，意味着新质生产关系也不会是静态的，而是同样处于持续的变化和发展之中。新质生产力代表了对生产方式和生活方式的一次深远革新，而构建与这种生产力相适应的新质生产关系，则是一场更为深刻的社会革命。习近平总书记强调："发展新质生产力，必须进一步全面深化改革，形成与之相适应的新型生产关系。"[3]党的二十届三中全会进一步描绘全面深化改革的新蓝图，强调要通过全面深化改革，加快形成同新质生产力更相适应的生产关系。这启示我们要以全面深化改革为抓手，对生产力与生产关系的矛盾运动进行深入研究，进而在生

[1] 马克思恩格斯文集：第二卷 [M]. 北京：人民出版社，2009：592.

[2] 马克思恩格斯文集：第二卷 [M]. 北京：人民出版社，2009：592.

[3] 加快发展新质生产力扎实推进高质量发展 [N]. 人民日报，2024-02-02(1).

产力与生产关系的矛盾运动中推动社会整体发展。

首先，全面深化改革遵循了生产力与生产关系矛盾运动规律。马克思主义以实践为基础，通过深入分析和研究人类劳动生产和社会生活的演变，阐释了生产力与生产关系之间的矛盾及其运动规律。恩格斯在 18 世纪英国工业革命期间进行的田野调查中发现，这一历史性的变革是现代英国社会关系的根本，也是推动整个社会发展的动力源泉。他认为，一个社会的发展状态取决于一个社会所拥有总的生产力，而生产力又是决定生产关系的根本因素。在特定发展阶段，同生产力相适应的生产关系构成了社会的经济基础，进一步决定了政治制度、法律体系、思想观念等上层建筑。生产力具有不断变化的特性，一旦生产力经历革命性的变化，生产关系也将随之经历变革。这种变迁必然引起经济基础的变迁，进而引起上层建筑的变迁，从而促进社会形态的演变。无可置喙，生产力主导着生产关系的发展路径，并通过这一中介对社会形态施加全面的影响力。生产力与生产关系的相互作用和动态平衡是社会发展和变革的内在驱动力。但是，生产力和生产关系之间较为复杂，"不是单线式的简单决定和被决定逻辑"[1]，同时生产关系也不会始终与生产力的发展保持步调一致。随着生产力的逐步发展，现有的生产关系可能会变得不再适应生产力的进一步发展，甚至成为制约其发展的障碍。在这种情况下，只有通过改革现有的生产关系，建立与生产力发展相匹配的新的生产关系，才能使生产力和生产关系在矛盾运动中实现前进和提升，从而确保生产力得到释放和发展，为社会进步注入新的动力。新质生产力代表了一种与传统生产力不同的先进生产力形态，它对生产关系提出了新的要求和挑战。要推动新质生产力的发展，就必须以全面深化改革为重要法宝，形成符合新质生产

---

[1]　习近平. 坚持历史唯物主义不断开辟当代中国马克思主义发展新境界 [J]. 求是，2020(2).

力的新型生产关系。这种改革不是凭空想象，而是基于对生产力与生产关系矛盾运动规律的深刻理解和积极行动。通过全面深化改革，可更好地激发新质生产力的发展潜力，形成匹配的新型生产关系，进而推动社会的持续发展。

其次，以问题导向进行分析，以全面深化改革推进新质生产力和新型生产关系，不完善的协作机制是造成制约的现实问题。马克思和恩格斯曾指出，与相同数量的个人单独工作相比，结合工作日这种"由协作本身产生的"[1]能够创造出更多的使用价值。生产力的发展具有显著的社会性质，它主要依赖于社会成员之间的合作，而非孤立的个体行为。追溯人类发展，人类的生产力水平大致经历了"被动支配"与"主动创造"两个阶段，人类产生能动性的关键就在于科学技术的发展，正如邓小平同志提出的科学技术是第一生产力。新质生产力代表了生产力在全方位、根本性质上的高阶变革，它以科技创新为核心动力。推动新质生产力的科技创新往往是原创性和颠覆性的，旨在拓展人类的认知和能力边界。这类创新充满了挑战和未知，超越了任何单一主体的经验范围，需要基于动员各方力量、增强组织协调性的协作机制。然而，目前协作机制尚不完善，这在一定程度上影响了协作的效率和质量。

最后，为推动新质生产力及其新型生产关系的发展，必须全面深化改革，健全新型举国体制，积累发展新质生产力所需的科技创新这一核心动力。新质生产力以科技创新为核心动力，掌握原创性和颠覆性科技创新的关键在于实现新质生产力的飞跃性发展。然而，现有的协作机制在保障原创性和颠覆性科技创新方面存在不足，亟须改革。与传统的依赖行政指令的举国体制不同，新型举国体制是一种创新的科技创新协作模式和机制。它旨在社会主义市场经济条件下，促进政府、市场和社会等多元科技创新主体的有机结合与

---

[1] 马克思恩格斯文集：第五卷 [M]. 北京：人民出版社，2009：382.

跨界合作，形成一个目标明确、团结紧密、运行高效的强大组织。这有助于集中全国的力量，提升国家创新体系的效能，并保障原创性和颠覆性科技创新的突破。因此，为了通过原创性和颠覆性的科技创新成果来推动新质生产力的发展，我们需要进一步完善新型举国体制，为加强科技创新协作的效力，为新质生产力的持续进步提供坚实的基础和动力。

第六章　实践论

习近平总书记强调："发展新质生产力是推动高质量发展的内在要求和重要着力点，必须继续做好创新这篇大文章，推动新质生产力加快发展。"[1]新质生产力不仅是对新一轮技术革命和产业变革的前瞻性思考，也深刻把握了推动中国式现代化发展的动力，新质生产力立足于我国实践，通过技术革新带来的新技术，是中国现代化进程中的增长引擎和竞争优势的关键因素。

一、新质生产力立足于实践变革

新质生产力是在党的十八大以来把马克思主义基本原理与中国特色社会主义建设实践相结合的基础上提出的重要理论创新，以变革新要素为核心、以高质量发展为方向、以新时代为新起点。它不仅仅是传统生产力理论的延续，更是基于当前科技进步、经济结构调整和市场需求变化等多重因素的新兴理论体系。

---

[1] 习近平.在中央政治局第十一次集体学习时强调加快发展新质生产力扎实推进高质量发展 [N].人民日报，2024-02-02(1).

（一）新质生产力以变革新要素为核心

技术的进步不仅改变了生产方式和企业运营模式，更深刻地影响了全球经济的格局和未来发展趋势。新质生产力的理念以及其在实践中的应用，都聚焦于如何通过技术要素的提升来推动经济和社会的发展。新质生产力不仅是对技术要素的提升，更是对整体生产力和经济发展模式的全面革新和升级。技术作为生产力发展的关键驱动力，在新质生产力的框架下，不仅仅是简单的工具使用或者效率提升，更是对生产体系整体进行优化和革新的核心策略。首先，新质生产力通过引入先进的技术和科学方法，致力于优化生产流程和提升生产效率，举例而言，物联网技术的广泛应用使得企业能够实现对生产环节的实时监控和数据分析，从而能够快速响应市场需求、精准调整生产计划，有效降低生产成本并提高产品质量，这种技术要素的提升不仅仅是对传统生产方式的革新，更是为企业带来了全新的生产管理模式和商业竞争优势。其次，新质生产力强调的是技术创新的驱动力量。在全球经济日益全球化和竞争加剧的背景下，企业必须不断寻求创新突破，以应对市场的动态变化和消费者需求的多样化，通过研发新技术、探索新应用，企业能够不断提升自身的技术含量和核心竞争力，推动整个产业链的升级和转型。例如，通过人工智能、大数据分析和机器学习等先进技术的运用，企业可以实现智能化生产和精细化管理，从而有效提升生产效率和产品品质，满足消费者个性化需求。再者，新质生产力的实践也包括了对技术要素应用的全面考量，不仅仅是在生产制造领域，技术要素的提升也涵盖了产品设计、营销销售、供应链管理等多个环节。企业在利用新技术优化产品设计、提升市场竞争力的同时，还能够通过互联网和信息技术的整合，实现全球资源配置和市场拓展，为企业带来更广阔的发展空间和市场机会。总之，新质生产力以技术要素的提升为核心，通过实践中的创新和变革，推动了经济和社会发展的进步。

新质生产力的理念以变革要素为核心，对传统要素使用过程进行了重塑和优化。在当今全球经济快速发展和科技进步的背景下，企业面临着日益激烈的市场竞争和消费者需求的不断变化，新质生产力不再局限于简单地提高生产效率或降低成本，而是通过引入和整合先进的技术要素，彻底改变了传统生产模式和管理方式。首先，新质生产力的实践基于对传统要素使用过程的全面审视和重新设计。传统上，生产要素主要包括劳动力、资本和自然资源，而新质生产力强调的是技术创新、信息技术和智能化应用等新要素的引入和运用。通过将物联网、大数据分析、人工智能等前沿技术应用于生产过程中，企业能够实现生产过程的智能化管理和精细化控制，从而有效提高生产效率、减少资源浪费，以及快速响应市场需求的能力。其次，新质生产力致力于在实践中推动变革和创新。企业不再满足于传统的生产方式和经营模式，而是积极探索和应用新技术，通过研发新产品、优化服务流程，以及开拓新市场来增强市场竞争力和持续发展能力。例如，通过 3D 打印技术，企业能够实现定制化生产，减少生产周期和库存压力，同时提升产品质量和客户满意度，从而在市场中占据更有利的竞争地位。再者，新质生产力还强调组织结构和管理模式的革新。传统上的生产要素使用过程往往受限于刚性的管理层级和程序，而新质生产力则鼓励企业建立灵活、高效的组织架构和沟通机制，通过采用敏捷开发、跨功能团队协作等现代管理方法，企业能够更加灵活地应对市场变化和技术进步，实现生产过程的快速响应和持续优化。总之，新质生产力通过对传统要素使用过程的重塑和优化，不仅提升了企业的生产效率和市场竞争力，更深刻地改变了传统生产模式和经营理念，为可持续发展奠定了坚实的基础。

新质生产力强调各生产要素之间的组合优化，以达到生产力的跃升。生产过程中不仅需要关注单个生产要素的投入和效率，更重要的是要理解这些要素如何相互作用、协同发展，从而在系统层面上实现整体性能的提升。首先，新质生产力倡导科技创新与转型升级相结合。科技创新不仅仅是引入新技术，更是通过创新的方式重新定义和优化生产要素之间的关系，现代企业在面对市场变化和全球竞争时，必须能够快速适应和采纳新技术，从而提高生产效率和产品质量。通过智能制造技术的应用，企业可以实现生产过程的自动化和优化，减少人为因素对生产过程的影响，从而大幅度提升生产效率和响应速度。其次，新质生产力还注重人的全面发展。人力资源作为生产过程中不可或缺的要素，不仅仅是执行者，更是创新和发展的驱动力，企业需要通过培训和发展计划，持续提升员工的技能水平和专业知识，使其能够更好地适应科技创新和生产流程的变化，此外，注重员工的全面发展还包括激励机制的建立和团队协作能力的培养，这些都是确保企业能够在市场竞争中保持领先地位的重要因素。在新质生产力的理念中，生产要素的优化组合不是简单的加总效果，而是要求在技术、人才和管理等多方面的综合优化，只有各个生产要素在相互作用中实现协同发展，企业才能真正实现整体性能的提升，从而在市场中保持竞争力和持续发展的能力。总之，新质生产力在于优化各生产要素之间的组合，通过科技创新与转型升级的推动，以及人才的全面发展，实现生产效率和质量的提升。

（二）新质生产力以变革新模式为方向

新质生产力不仅仅是技术进步的体现，更是产业变革新模式的必然选择。习近平总书记指出："新质生产力已经在实践中形成并展示出对高质量发展的强劲推动力、支撑力，需要我们从理论上进行总结、概括用以指导新的发展实践。"[1]通过提升资源利用效率、应用绿色设计和循环经济理念，以及发展

---

[1] 习近平在中共中央政治局第十一次集体学习时强调加快发展新质生产力扎实推进高质量发展 [N]. 人民日报，2024-02-02(1).

智能化供应链和灵活生产能力，企业能够有效应对资源日益紧张和环境问题日益严峻的挑战，这种模式的转型不仅有助于降低生产成本和提高市场竞争力，更是推动经济增长模式向可持续发展的重要步骤。首先是技术驱动的资源效率提升。新质生产力的核心在于通过技术创新和自动化来提升资源的利用效率。传统上，生产过程中存在大量的能源浪费、原材料浪费和人力资源浪费，而新质生产力则通过引入先进的制造技术、物联网设备和智能化系统，实现生产过程的精细化控制和自动化管理，从而最大程度地减少资源浪费。例如，智能制造系统可以实时监控生产线的运行状态，精确调整生产参数，减少废品率和能源消耗，提高设备利用率，有效推动了生产过程从"高消耗"向"低消耗"的转变。其次，新质生产力坚持绿色设计与循环经济理念的应用。在新质生产力的框架下，绿色设计和循环经济理念得到了广泛应用。绿色设计强调产品生命周期内的环境友好性，从材料选择到产品设计，考虑减少对环境的负面影响，循环经济理念则通过将废弃物重新利用或回收，使资源得以再生，减少了资源的开采和浪费。例如，一些先进的制造企业已经开始实施闭环生产系统，通过废料回收和再利用，将资源利用率提高到一个新的高度，同时减少对自然资源的依赖，推动了产业向"低消耗"增长模式的演变。最后，新质生产力坚持智能化供应链与灵活生产能力。传统的供应链往往面临着信息不对称、库存过剩和交付周期长等问题，这些都导致资源和能源的浪费，而通过引入大数据分析、人工智能和物联网技术，企业能够实现供应链的实时监控和智能调度，优化供应链的运作效率，减少库存储备和物流成本，实现"按需生产、定制化服务"的目标，不仅降低了生产过程中的能源消耗和资源浪费，还提升了企业响应市场变化的速度和灵活性，从而推动了产业向"低消耗"增长模式的转型。

传统上，产业发展往往依赖于大量的资源消耗和规模扩张，但这种增长模式在面对资源有限性和环境可持续性挑战时显得越来越不可持续。新质生产力的核心理念在于通过技术创新和管理革新，实现生产过程的高效率和高质量，并在此基础上推动经济增长模式的转型。首先，新质生产力注重提升生产过程中的资源利用效率。通过智能制造系统、物联网技术和大数据分析，企业能够实时监测和优化生产流程，减少能源和原材料的浪费，从而降低生产成本和环境负荷，不仅提升了生产效率，也提高了产品质量和可靠性，为企业赢得了市场竞争力。其次，新质生产力强调绿色设计和循环经济的应用。通过优化产品设计和生产工艺，减少对环境的不利影响，推动企业向更为可持续的发展路径转型，绿色设计不仅关注产品使用阶段的环保特性，还涉及整个产品生命周期的环境影响评估，从而在保证产品质量的同时，最大限度地减少资源的消耗和废弃物的产生。第三，新质生产力推动企业实现灵活化和定制化生产能力。通过智能化供应链管理和柔性生产系统，企业能够更加灵活地响应市场需求，快速调整生产方案，减少库存积压和生产过程中的浪费，提升了生产效率，还提高了客户满意度，加强了企业与市场之间的联系。最后，新质生产力促进了知识和技能的发展。企业通过引入先进的制造技术和管理方法，提升了员工的技术水平和工作效率，培育了具有创新精神和竞争力的团队，为企业长期发展奠定了坚实基础。新质生产力不仅是技术进步的体现，更是产业结构调整和经济增长模式转型的关键推动力量，通过提升资源利用效率、推广绿色设计和循环经济理念，以及发展智能化供应链和灵活生产能力，不仅有助于提升企业竞争力，还为全球经济的可持续发展开辟了新的道路和机遇。

新质生产力不仅推动了传统产业的转型升级，还催生了一系列新兴产业，对优化整体产业结构和变革产业模式产生了深远影响。首先，新质生产力的发展促进了绿色能源产业的兴起。传统能源资源的有限性和环境污染问题日益突出，而新技术的应用推动了可再生能源的大规模应用和成本下降。绿色能源产业不仅减少了对化石能源的依赖，还有效降低了碳排放，推动了能源结构向清洁、低碳方向转型，成为当今绿色经济发展的重要支柱。其次，环保科技成为新质生产力的重要组成部分。随着环境意识的增强和法规的加强，环保技术在污染防治、资源回收利用等方面发挥了关键作用。空气净化技术、水处理技术、固体废物处理技术等的创新应用，有效改善了环境质量，提高了人民生活水平，也为相关企业带来了市场机会和竞争优势。第三，智能制造和绿色制造成为新质生产力的重要体现。通过智能化设备、物联网技术和大数据分析，制造业实现了生产过程的精益化、高效化和可持续发展，不仅提升了生产效率和产品质量，还减少了资源消耗和环境污染，推动了整个制造业向绿色、低碳方向迈进。此外，新质生产力还推动了绿色建筑和节能环保材料的快速发展。建筑行业是能耗大户和资源消耗大户，而新技术的应用使得建筑设计更加注重节能减排、环境友好，绿色建筑不仅能够有效减少能源消耗，还能提升居住和工作环境的舒适性和健康性，成为未来城市可持续发展的重要组成部分。新质生产力催生的绿色产业和环保产业，通过技术创新和市场需求的双重驱动，正在成为全球经济发展的新动力源泉，不仅促进了整体产业结构向绿色和可持续方向的升级，还为经济增长和社会进步带来了新的机遇和挑战。

建设现代化产业体系是新质生产力变革新模式的重要战略选择和关键支撑。新一轮科技革命和产业变革的推动，不仅加速了前沿技术的发展，也深刻改变了国际产业竞争的格局，特别是人工智能、物联网、大数据、生物技术等技术的广泛应用，这些技术的飞速进步不仅改变了传统产业的生产方式和生产效率，还孕育了新兴产业和商业模式。例如通过人工智能的智能制造和预测维护，企业能够实现生产过程的智能化管理，大幅提升生产效率和产品质量，这种技术变革不仅是产业升级的关键驱动力，也是国家建设现代化产业体系的技术支撑。国际产业竞争日益激烈，各国纷纷加大对高技术、高附加值产业的布局和投入。在全球价值链的角逐中，各国都力图通过技术创新和产业升级提升自身竞争力，中国作为世界第二大经济体和制造业大国，正积极响应新一轮产业变革的机遇和挑战。中国制定并实施了一系列政策措施，加大研发投入、推动数字经济发展等举措，推动传统产业向高端制造和服务业转型升级，构建现代化产业体系。现代化产业体系不仅关乎技术和产业的进步，更是经济增长质量和效率的关键，通过发展新质生产力建设现代化产业体系，国家能够提升产业整体水平，促进经济结构优化和产业结构调整，现代化产业体系也是国家实现自主可控和安全发展的重要保障，因此，我国应不断加强技术创新和产业升级，积极构建适应时代要求的现代化产业体系，从而实现产业模式的深刻变革。

（三）新质生产力以立足新时代为新起点

新质生产力不仅源自历史发展的积淀，也承载了时代的变革与需求的转型，从传统产业向现代化、智能化和可持续发展的转变，这一进程既是对过去经验的继承，也是对未来发展的策略性选择。习近平总书记指出："解放和发展社会生产力是社会主义的本质要求，是中国共产党人接力探索、着力解决的重大问题。"[1] 新质生产力可以追溯到我国长期积累的技术和文化基础。中国作为悠久文明史和灿烂科技传统的国家，历史上就有许多创新成果和科技发明，如造纸术、火药、指南针等，这些成就不仅在当时推动了社会生产力的发展，也为今天的技术创新奠定了基础。例如，在现代化工业和信息技术的发展过程中，中国古代冶炼技术、算学思想和医药学等传统领域的积累，为现代科技的发展提供了宝贵的资源和灵感。新质生产力是我国改革开放以来经济转型的产物。20世纪末，随着改革开放政策的实施，中国经济由计划经济向市场经济转型，经历了快速工业化和城市化的阶段，在这一过程中，

---

[1]　习近平著作选读：第二卷 [M]. 北京：人民出版社，2023：163.

新兴产业如电子信息、生物技术、新材料等迅速发展，成为推动经济增长和结构调整的重要力量，这些产业的兴起不仅提高了中国在全球价值链中的地位，也推动了科技创新和人才培养，为未来经济社会发展奠定了坚实基础。新质生产力反映了市场需求和社会进步的需求。党的十八大以来，中国特色社会主义进入新时代，我国社会主要矛盾发生深刻变化，人民生活水平提高和消费结构发生变化，绿色环保、健康食品、智能制造等新兴产业和服务领域迅速崛起。环保产业在应对大气污染、水资源管理和固体废物处理等方面发挥了重要作用，满足了社会对清洁环境的迫切需求，智能制造则提升了生产效率和产品质量，推动了传统产业向智能化、数字化转型，助力企业提升竞争力和市场份额。新质生产力是改革开放以来经济社会发展的必然结果，它既是过去经验的积极延续，也是未来发展的战略选择。

新质生产力作为我国进入新发展阶段的生产基础，标志着我国经济社会发展迈向新的高度。党的十八大以来，特别是习近平总书记提出的一系列新发展理念和战略部署下，新质生产力的重要性日益凸显，不仅解决了我国在新时代面临的主要矛盾，也成为推动中国式现代化进程的重要抓手。党的十八大以来我国发展仍然面临不平衡不充分的问题，主要矛盾已经转化为人民日益增长的美好生活需要和不平衡不充分的发展之间的矛盾，在这一背景下，新质生产力的发展，如信息技术、生物技术、新材料等，不仅为经济增长注入新的动能，也为人民提供了更多更好的生活品质。以数字经济为例，通过大数据、人工智能等技术的广泛应用，加速了传统产业的智能化和现代化转型，提升了生产效率和质量，同时推动了新业态、新模式的涌现，促进了经济结构优化升级。中国特色社会主义进入新时代，要求经济发展质量效益明显提升，这就需要依靠创新驱动和新质量革命。在习近平总书记系列重要讲话中，不断强调科技创新在国家发展战略中的核心地位，提出了构建创新型国家、推动经济高质量发展的战略目标。新质生产力不仅是经济发展的支撑，更是实现现代化建设的基础。例如，在高端装备制造、绿色环保技术、数字经济等领域，中国正加快从追赶者转变为引领者，通过自主创新和国际合作，打造具有全球竞争力的新兴产业，推动中国经济由量的增长向质的飞跃。总体而言，新质生产力通过解决主要矛盾、推动中国式现代化，为我国经济社会的可持续发展提供了坚实支撑和动力源泉。

新质生产力作为中国未来发展的重要方向和必然需求，既受到新一轮产业革命的推动，也受到国家战略的引导，共同塑造了中国在全球竞争中的新定位和优势。首先，新一轮产业革命的兴起为新质生产力的出现提供了广阔的发展空间。随着人工智能、物联网、大数据等前沿技术的迅猛发展，传统产业正经历着深刻的变革和升级，在这些技术的驱动下，企业能够实现生产过程的智能化、自动化和高效化。通过智能制造和数字化技术，企业可以实现从生产计划到供应链管理的全面优化，极大提升生产效率和产品质量，不仅推动了中国制造业向高端、智能化方向迈进，还为中国经济注入了新的发展动力。其次，国家战略的引导使得新质生产力的发展成为必然选择。我国在国家发展战略的框架下，明确了加快制造业转型升级的重要举措，不仅强调技术创新和产业结构优化，还鼓励企业加大研发投入，提升自主创新能力，通过政策支持和资金引导，中国企业得以加快向高端制造业和服务业转型，增强了国家在全球价值链中的话语权和竞争力。历史和现实中的大国竞争，不仅体现在经济实力和技术创新上，也包括对新质生产力的探索和应用，作为世界第二大经济体，中国在面对全球挑战和机遇时，正积极推动新技术的应用和产业的升级，通过推动新质生产力，中国不仅能够提升自身产业水平和经济竞争力，还为全球经济发展作出了积极贡献。总之，新质生产力不仅是中国发展的未来方向，也是其必然需求，通过利用新一轮产业革命的机遇，结合国家战略的引导，中国正在加速向智能制造、数字化经济转型，从而走在世界科技前沿的位置。

二、新质生产力引领先进生产力发展方向

新型生产力以创新为主导，摆脱传统经济增长方式和生产力发展轨迹，具备高科技、高效能、高质量等特征，立足创新、科技和绿色发展，符合新发展理念的先进生产力形态，引领新时代我国先进生产力的发展方向。

（一）新质生产力立足创新为发展内驱力

习近平总书记提出："抓创新就是抓发展，谋创新就是谋未来。"[1] 新质生产力的提出和发展不仅是对马克思主义生产力理论的继承和发展，也是中国共产党在实践中总结经验、把握规律、推动科技进步和经济社会发展的重要理论成果。马克思主义生产力理论是科学社会主义理论的核心之一，强调生产力是社会发展的基础和动力，马克思指出，生产力的发展不仅包括生产工具和技术的进步，还涉及社会组织形式、生产关系等多方面因素。然而，随着科技进步和经济全球化的加剧，新的生产力形式和模式逐渐成型，这就是新质生产力的基础。习近平总书记指出："在激烈的国际竞争中，我们要开辟发展新领域新赛道、塑造发展新动能新优势，从根本上说，还是要依靠科技创新。"[2] 新质生产力不仅包括传统意义上的物质生产力，更广泛地涵盖了信息技术、智能制造、生物技术等新兴领域的发展，在这些领域，技术进步和创新不断推动生产力的提升，改变着人类生产和生活的方式，极大地推动了经济社会的发展。中国特色社会主义进入新时代后，中国共产党从实践

[1] 习近平著作选读：第一卷 [M]. 北京：人民出版社，2023：427.

[2] 习近平在参加江苏代表团审议时强调牢牢把握高质量发展这个首要任务 [N]. 人民日报，2023-03-06-(1).

出发，逐步提出并完善新质生产力的理论框架，强调科技创新、绿色发展、数字经济等方面的发展路径，这些都是对马克思主义生产力理论的创新与发展。首先，新质生产力的发展在于科技创新的推动。中国通过加大科研投入、优化创新环境等措施，积极推动科技成果转化，不断提高科技创新能力和竞争力，为生产力的提升提供了强大动力。其次，新质生产力强调绿色发展与可持续性。在全球环境问题日益突出的背景下，中国积极推动绿色技术和环保产业的发展，倡导绿色生产方式，致力于实现经济增长与环境保护的良性循环。此外，数字经济的兴起也是新质生产力的重要组成部分。中国大力发展数字经济，促进信息技术与传统产业深度融合，推动经济结构优化升级，提高生产效率和质量。

新质生产力的形成源自基础科学研究的重大突破和对原有技术路线的根本性颠覆，这一过程不仅仅是技术上的进步，更是经济社会发展的重要动力源泉。基础科学研究的突破常常为新技术的诞生奠定了坚实的理论和实验基础，通过将科研成果转化为创新技术，新质生产力逐步催生出新产业、新模式和新动能，从而推动了经济结构的深刻变革，提升了产业发展的质量和效率。首先，基础科学研究的进展为新质生产力的形成提供了无限可能。例如，量子计算、人工智能、生物技术等领域的前沿科研，为解决现实生产中的难题提供了新的思路和方法，基础科学研究的重大突破，如量子纠缠的应用、基因编辑技术的发展等，为产业界带来了前所未有的机遇，不仅改变了传统产业的生产方式，还孕育了全新的高科技产业，推动了经济结构向高附加值、高效能源的方向演进。其次，新质生产力的形成根本性颠覆了原有的技术路线和产业格局。随着新技术的广泛应用，如云计算、物联网、3D打印等，传统产业的边界被打破，各行各业都在迎来自动化、智能化的转型，使得生产要素的利用效率大幅提升，资源浪费得到有效控制，同时也促进了生产方式的革新和产业链的优化。例如，智能制造的兴起不仅提高了生产效率，还改善了产品质量和生产环境，推动了整个制造业向高端化和智能化方向迈进。最后，新质生产力的崛起推动了经济增长动力的多元化。传统经济增长模式中，依赖资源和廉价劳动力的驱动方式已不再适应全球化和信息化的发展趋势。新质生产力的兴起，使得创新成为推动经济增长的主要引擎之一，以技术创新为核心的经济增长模式，不仅增强了经济发展的可持续性，还提升了国家在全球价值链中的竞争力。新兴产业的崛起如人工智能、新能源技术等，不仅吸引了大量投资和人才，还培育了新的经济增长点，为经济结构的升级注入了新的活力。

新质生产力的出现标志着人类生产力发展史上的一次深刻革命。以数字化、网络化和智能化技术为核心，新质生产力不仅重新定义了传统产业的运作模式，还为经济高质量发展开辟了新的路径和可能性，促进生产效率和质量的提升，并推动产业结构优化和新兴产业的崛起。首先，新质生产力以其数字化特征为基础，通过信息技术的广泛应用实现了生产过程的智能化和自动化。云计算和大数据分析技术使得企业可以实时获取和处理海量数据，从而优化生产调度和资源配置，这种数据驱动的生产方式不仅提高了决策效率，还降低了生产成本，为企业创造了更大的附加值。其次，网络化技术的普及使得生产要素之间的连接更加紧密和高效。物联网技术的应用使得设备、机器和产品能够实现实时监控和互联互通，从而提升了生产线的稳定性和灵活性，不仅加快了产品的研发和上市速度，还使得企业能够更快速地响应市场变化和客户需求，从而增强了市场竞争力。另外，智能化技术的引入彻底改变了传统劳动力密集型产业的生产格局。自动化生产设备和机器人的广泛应用不仅提高了生产效率，还显著降低了人力成本和生产过程中的人为错误，提升了产品的一致性和质量稳定性，改善了工作环境和员工的工作体验，促进了人机协作的新模式的形成。在经济高质量发展的背景下，新质生产力不仅能够满足市场对高品质产品和个性化需求的日益增长，还能够促进产业结构的优化和升级，通过技术的创新和生产要素的智能配置，传统产业能够实现从低附加值向高附加值的转型，提升整体竞争力，成为经济增长的新动力源。

（二）新质生产力立足科技塑造生产力样态

新质生产力立足于科技不断塑造生产力发展新样态。在人工智能领域，中国已经成为全球的领先者之一，人工智能技术的广泛应用不仅提升了制造业的智能化水平，还在医疗健康、金融服务等领域展现了巨大潜力，智能制造、智能物流和智慧城市等新兴应用正在重塑传统产业，促进了生产效率的显著提升和服务质量的全面改善。同时，生物科技的突破也成为新质生产力的重要组成部分。中国在基因编辑、生物医药和农业生物技术等领域不断取得创新进展，这些技术的应用不仅提升了农业生产力和食品安全水平，还为健康医疗领域带来了前所未有的治疗手段和药物研发能力。在能源与环境领域，新能源技术的快速发展为中国经济的可持续发展奠定了重要基础。太阳能、风能等可再生能源的大规模应用不仅减少了对传统化石能源的依赖，还显著改善了环境质量，推动了碳中和和气候变化应对的进程，不仅为中国提供了清洁、可持续的能源供应，也为全球应对气候变化挑战作出了积极贡献。在新质生产力的视域下，中国正在逐步实现从传统制造业向智能制造、高端制造的转变，通过技术创新，产品质量和技术含量得以显著提升，企业在全球市场的竞争力也在逐步加强，促进了中国经济的结构优化，也对全球科技进步和产业格局产生深远影响。在当今经济环境下，推动新质生产力的发展，关键技术的突破尤为重要，企业需要不断创新，以提升生产效率和产品质量。

新质生产力把科技视为第一生产力，人才是第一资源。新质生产力的发展依赖于科技和人才的双重支撑，其中人才尤为关键，是推动经济社会发展的战略性资源，人才竞争不仅是国家综合实力竞争的核心，也是新质生产力形成的关键。

人才在新质生产力发展中的战略地位不可忽视。他们不仅是科技创新的主体，还是新技术、新产业、新模式的推广者和应用者，具备国际视野和前沿技能的高素质人才，是推动国家经济向高质量发展转型的重要力量。因此，新质生产力必须强调以人才为引领，注重培育适应国家重大需求和人民生活需求的复合型、高水平人才队伍。新质生产力的形成离不开人才链的支撑和引领。人才链作为关键的牵引力量，不仅仅是从教育培训到科研创新再到产业应用的衔接，更是一种结构化、系统化的发展路径。要通过优化教育链，即提升教育质量、深化教育改革，确保培养出符合时代需求和行业发展需要的专业人才，通过创新驱动发展，激发人才的创造力和创新能力，将人才的科技成果有效转化为生产力，推动相关产业的发展和升级。新质生产力的发展需要构建"四链"融合发展体系。这种体系不仅以人才链为总牵引，还包括优化教育链、激活创新链和服务产业链的有机结合。优化教育链不仅仅是提高教育质量，更要实现教育与产业需求的深度对接，培养出符合市场需求的高素质人才，激活创新链则需要加强基础研究和应用研究的衔接，推动科技创新成果向市场转化；服务产业链则是将科技成果转化为生产力，推动相关产业的发展和升级。通过以科技人才为核心的发展战略，中国将能够夯实新质生产力的战略资源和基础支撑，进一步推动经济高质量发展，为构建现代化经济体系和推动全球科技创新作出更大贡献。

党的二十大报告指出："要发挥教育、科技、人才在我国现代化建设中的基础性、战略性支撑作用。"[1]新质生产力的发展中，教育、科技和人才的一体化推进至关重要，这不仅是实现经济高质量发展的需要，也是构建现代化经济体系的重要支撑。畅通教育、科技、人才良性循环的体制机制是推动

---

[1] 习近平.高举中国特色社会主义伟大旗帜为全面建设社会主义现代化国家而团结奋斗[N].人民日报，2022-10-26(1).

新质生产力形成的重要保障。教育、科技、人才之间的协同作用和互动关系，需要有利于信息传递、资源配置和政策协同的体制机制支持。政府应通过制度建设和政策引导，构建促进教育质量提升、科技成果转化和人才培养协同发展的长效机制，建立跨部门合作的工作机制，确保教育、科技、人才政策的衔接和协调，推动从科研创新到人才培养再到产业应用的良性循环。教育是形成新质生产力的关键基础，教育不仅是人才培养的主渠道，更是科技创新和新技术应用的孵化器，在推进教育、科技、人才系统集成的过程中要优化教育质量和结构，以适应新时代经济发展的需求，加强基础教育和职业教育的衔接，推动高等教育与科技研究的深度融合，培养符合市场需求和国家发展战略的高素质人才。要不断强化教育、科技、人才的系统集成和协同推进，加强政策协同和资源整合，促进教育资源、科技资源和人才资源的优化配置和高效利用，推动形成教育、科技、人才良性互动、共同促进新质生产力发展的有机体系。

（三）新质生产力着眼绿色推动生产力转型

新质生产力就是绿色生产力。习近平在参加十二届全国人大二次会议贵州代表团审议时指出："既要绿水青山，也要金山银山；绿水青山就是金山银山。绿水青山和金山银山决不是对立的，关键在人，关键在思路。"[1]绿色生产力作为马克思主义生产力理论的现代发展和延伸，标志着人类生产方式向更为可持续和环保方向的转变，它不仅仅是生产力的一种形式，更是对经济发展和生态保护进行有机结合的创新实践。马克思主义生产力理论强调生产力是社会发展的基础，是推动社会变革和进步的动力源泉，而随着全球环境问题日益突出，传统的生产方式所带来的资源消耗和环境破坏问题日益凸显，绿

[1]　习近平.论坚持人与自然和谐共生[M].北京：中央文献出版社，2022：63.

色生产力因此应运而生，成为现代社会发展的必然选择。绿色生产力的核心在于以生态文明理念引领经济发展，通过技术创新和制度设计，在实现经济增长的同时最大限度地减少对环境的负面影响，它要求生产者从单纯追求经济效益转向同时考虑社会效益和生态效益，实现经济、社会和生态的协同发展，在这一理念的指导下，绿色生产力不再把经济增长与生态环境保护对立起来，而是通过技术创新和管理创新，寻求二者之间的良性互动和平衡。新质生产力作为绿色生产力通过推动绿色技术的应用，实现资源的高效利用和能源的低碳排放。例如，智能制造、清洁能源、循环经济等技术的发展和应用，有效减少了传统生产过程中的能耗和物料消耗，降低了对环境的负担，提升了生产效率和质量。新质生产力作为绿色生产力强调绿色供应链和绿色消费的推广，从整个产业链条入手，促进资源的循环利用和产品的环境友好型设计，通过全球产业链的优化和升级，促进生产者和消费者在选择上更多地考虑环境和社会责任，推动整体社会向可持续消费和生产转型。再者，新质生产力作为绿色生产力倡导生产者承担社会责任，积极参与生态保护和环境治理，企业不仅要追求经济利益，还要关注员工福祉、社区发展以及生态环境的改善，这种全面的责任感和可持续发展的理念，推动了企业从单一利益追求转向多方面利益平衡，为社会可持续发展贡献力量。总之，新质生产力不仅是生产方式的升级，更是社会发展方式的转型，它代表着未来生产力的发展方向，要求人类在追求经济繁荣的同时，不忘环境保护和社会责任。

可持续发展和生态文明成为全球共同关注的话题，随着人类活动对环境影响的加剧，绿色技术与环保创新作为实现可持续发展的关键路径显得尤为重要，可持续发展不仅仅关乎经济增长，更涉及如何在保护环境的前提下，满足当前和未来世代的需求，生态文明理念强调人与自然的和谐共生，提倡经济、社会和环境的协调发展，是实现可持续发展的重要指导原则。新质生产力则是通过技术进步和制度创新推动经济增长和结构优化的能力。在这一背景下，新质生产力坚持绿色技术，其核心在于减少对自然资源的消耗和对环境的负面影响，同时提升经济效益，通过创新技术，有效降低碳排放、减少能源消耗、优化资源利用，为企业提供了可持续发展的路径。首先，提升了生产效率和产品质量。例如，通过节能减排技术和清洁能源应用，企业能够在保持高效生产的同时降低环境负荷，提高产品竞争力。其次，降低了生产成本和环境风险。采用循环经济模式和环保科技创新，企业可以减少资源消耗和污染排放，从而降低运营成本，并避免环境法规带来的潜在风险。再者，推动了资源高效利用和低碳生产。通过智能建筑技术和先进的环境监测系统，企业能够实现能源和水资源的有效利用，减少对环境的压力，同时满足市场对环保产品和服务的需求。新质生产力不仅为经济增长提供了新的动力和方向，更为社会可持续发展的实现提供了重要保障，随着全球对可持续发展的共同追求，新质生产力绿色技术的进步和应用将继续引领生产力转型，促进经济、社会和环境的协调发展。

新质生产力是指通过技术创新和生产方式的转变，实现资源的高效利用和环境的可持续发展，新质生产力在推动资源高效利用与循环经济的过程中发挥了关键作用。首先，新质生产力通过技术进步和管理创新，提升了资源利用效率。随着科技的发展，智能制造、物联网、大数据分析等技术的广泛应用，使得生产过程更加智能化和精准化，企业可以实时监控和优化生产流程，减少资源浪费和能源消耗，从而降低生产成本，提高生产效率。通过节能减排技术和绿色制造技术的应用，减少了对非可再生资源的依赖，实现了资源的更加有效利用。其次，新质生产力促进了循环经济的发展。循环经济强调在产品生命周期内最大化地利用资源，减少废弃物的产生和对新资源的需求，新质生产力推动企业从传统的线性经济模式向循环经济模式的转变。通过产品设计的优化，提高产品的耐用性和可维修性，延长产品的使用寿命，促进了资源的再利用和回收。同时，企业在供应链管理中推广循环再制造和资源回收利用的实践，减少了对原始材料的开采压力，有利于环境的保护和可持续发展的实现。第三，政府通过制定和实施环境法规、提供财政和税收激励政策，鼓励和引导企业采取环保措施和技术创新，提供资源节约和环境友好型产品的补贴和税收优惠，加强对企业环保行为的监管和评估，也推动了企业向绿色和可持续发展方向迈进的步伐。最后，随着环保意识的增强，消费者越来越倾向于选择环保和可持续发展的产品和服务，这促使企业更加积极地响应市场需求，推广绿色产品和技术，也推动了整个社会向更加环保和可持续的方向发展。总之，新质生产力推动了资源高效利用与循环经济的发展，通过技术创新、政策支持和公众参与，促进了经济增长与环境保护的良性循环，在全球资源稀缺和环境污染日益严重的背景下，新质生产力的实施不仅是经济可持续发展的需要，也是保护地球生态环境的必然选择。

三、新质生产力破除传统陈旧观念

以科技创新为基础的新质生产力已成为当前我国经济社会发展的核心、关键因素，新质生产力是在新科技革命背景下，破除传统旧观念，通过改变劳动过程的技术条件和社会条件而形成的，具备内在动力机制，促进经济社会可持续发展。

（一）新质生产力以新理念引领新发展

创新发展是现代经济转型和可持续发展的核心动力之一，新质生产力以技术创新和模式创新为引擎，深刻影响着经济结构优化和产业转型升级的进程。首先，技术创新是新质生产力的核心驱动力之一。随着科技的不断进步，包括人工智能、大数据、物联网等新兴技术的广泛应用，传统产业得以融合创新，从而提升生产效率和产品质量，以制造业为例，智能制造系统的引入使生产线自动化、柔性化水平显著提高,大大降低了生产成本,同时提升了产品的一致性和可靠性。其次,新质生产力不仅仅是技术革新的应用,更是生产方式、管理模式以及商业模型的全面革新。共享经济的兴起改变了传统行业的运作方式,通过共享资源优化了资源利用效率,同时也促进了新兴市场和就业增长,电子商务的快速发展则推动了线上线下融合的新业态出现,进一步优化了消费者体验和供应链管理,在技术创新和模式创新的推动下,企业和政府部门在产品设计、生产过程中注重节能减排、资源循环利用,从而实现经济增长与环境保护的双赢。此外,新质生产力对于提升企业竞争力具有深远影响。通过不断创新,企业能够在全球市场中找到自身的竞争优势,提高市场份额和利润水平。如中国的高铁技术和制造业水平不断创新升级,使得中国企业在全球高铁市场中占据重要地位,推动了中国高铁产业的国际化发展。

新质生产力通过技术进步和创新应用,能够有效地协调各产业部门之间的发展,推动全要素生产率的提升,进而缓解发展中的不平衡和不充分问题,激发发展动力,促进城乡、区域和产业的协调发展。首先,新质生产力强调系统集成和生产要素的协同作用。随着信息技术、人工智能等技术的广泛应用,生产过程变得更加智能化和网络化,提高了生产效率和产品质量。其次,新质生产力加速发展有助于打破时空限制。传统经济模式中,地域和时间的限制常常阻碍了资源的高效利用和产业的协同发展,而新技术的应用使得跨地域、跨时空的协作变得更加便利,使得企业能够更灵活地组织生产要素和人力资源,实现生产过程的全球化布局,有效利用全球范围内的优质资源和市场。第三,新质生产力的发展推动了城乡协调发展、区域协调发展和产业协调发展。在经济发展不平衡的问题面前,通过技术创新和政策支持,促进城乡之间资源的均衡配置和经济的协调发展,拉动农村经济,提升农产品的市场化水平,推动城乡经济的融合发展。此外,新质生产力的加速发展还促进区域间的协调发展，不仅吸引人才和资本集聚，还推动区域内产业的升级转型，实现区域经济的整体提升。

新质生产力作为绿色低碳和可持续发展的新模式，它不仅是经济转型的必然选择，更是社会发展的需要和生态文明建设的重要支撑。在新质生产力的理念指导下，绿色发展不再是简单的口号，而是深深融入人们生产生活方方面面的行为方式。首先，新质生产力的绿色属性体现在其强调绿色技术创新和环境友好型生产方式上。绿色技术的应用和创新不仅能有效降低碳排放，节约能源，还能减少环境污染，从根本上改善生产过程中的资源利用效率和环境负荷，明显减少传统工业生产中的能源消耗和排放量，提升整体的生产效率和质量。其次，新质生产力倡导资源的高效利用和循环利用，从而实现经济发展与环境保护的良性循环。资源稀缺性和环境容量的限制使得必须采取有效措施来优化资源配置和管理，通过推广资源节约型和环境友好型生产方式，可以在保障经济增长的同时，减少对自然资源的过度消耗和环境的破坏，实现可持续发展的长远目标。第三，新质生产力的推动不仅仅是经济层面的发展，更是对社会和人类健康的全面促进。绿色发展理念强调人与自然的和谐共生，通过改善环境质量和减少环境健康风险，提升居民生活质量和社会福利水平，促进社会的健康和稳定发展。总之，新质生产力旨在实现经济增长与生态环境的协调发展。

新质生产力以开放理念作为加速发展的方向引领，在这一理念的指导下，我国积极推动传统产业向数字化和智能化转型，同时加快战略性新兴产业集群的发展，以及吸引外商投资，从而实现经济的高质量发展和可持续增长。新质生产力推动全球产业链和价值链的深度融合。通过开放的市场和政策环境，传统产业得以更快速地融入全球数字化和智能化趋势，通过引入先进的信息技术、大数据分析和人工智能，实现生产过程的智能化管理和精准化生产，提升生产效率和产品质量。其次，新质生产力推动战略性新兴产业集群的形成和壮大，这些产业往往处于技术革新和市场需求的前沿，具有较高的增长潜力和创新动力，受到政府和资本市场的重视，成为各国制定发展战略的重点，这些产业的快速发展不仅推动了经济结构的升级，也为未来经济增长注入了新动力。另外，新质生产力的发展通过吸引外商投资，加速了国内产业的国际化进程，外资的引入不仅带来了资金和技术的直接支持，还促进了企业管理和市场运作的国际化水平提升，进一步推动了我国经济结构的优化和产业的国际竞争力的提升。总之，新质生产力不仅促进了传统产业的转型升级和战略性新兴产业的培育，还通过全球资源配置和市场竞争的机制，推动了经济全球化的深入发展。

新质生产力的发展不仅仅意味着经济增长和技术进步，更深层次地蕴含了"发展成果由人民共享"的价值意蕴，为共享发展提供了新机遇，促进了社会的包容性增长和全球的可持续发展。新质生产力推动了生产方式和经济结构的全面升级。传统产业向智能制造、数字经济和服务创新转型，不仅提高了生产效率，还创造了更多就业机会和社会价值，使得生产过程更加灵活高效，同时降低了资源消耗和环境污染，符合可持续发展的理念，这些技术的普及不仅服务于经济增长，更重要的是提升了人民的生活质量和社会的整体福祉。新质生产力的发展为教育、医疗、文化等公共服务领域的改善提供了新机遇。数字化技术的应用使得信息传播更加便捷，教育资源更加平等普及，医疗健康服务更加精准和高效，使得偏远地区和弱势群体也能享受到高质量的教育和医疗资源，从而缩小了城乡和区域间的发展差距，实现了更加公平的社会发展。最后，新质生产力的兴起催生了共享经济和共享社会的发展。通过共享经济模式，个人和企业可以共享资源和服务，不仅提高了资源利用效率，还促进了社区合作和社会互动，不仅方便了民众的日常生活，还培育了新的经济增长点，为创业者和普通市民创造了更多的就业和收入机会。

（二）新质生产力以新生产方式增强发展动力

传统产业不仅是产业体系的基础，还承载着大量就业机会和经济增长的稳定性，传统产业的转型升级不仅是必然之势，更是推动新质生产力发展的重要途径。传统产业的转型升级是保障就业稳定的关键。在许多国家，传统产业依然是主要的就业来源，尤其是在人口众多的发展中国家，这些产业涵盖了广泛的领域，如制造业、农业和基础设施建设，直接影响到千家万户的生计，通过转型升级，可以提升传统产业的竞争力和生产效率，从而保障现有就业岗位的稳定性，避免因经济结构调整而引发的大规模失业风险。传统产业的转型升级是促进经济增长和结构优化的重要手段。随着技术进步和市场需求变化，传统产业需要适应新的环境和挑战，通过引入先进的生产工艺和技术，例如智能制造、绿色环保技术等，可以提高传统产业的产出质量和资源利用效率，同时降低生产成本和环境影响。传统产业的转型升级本身就是创造先进生产力的过程。在全球化和数字化时代，技术的飞速发展为传统产业提供了前所未有的转型机遇，通过数字化、智能化和互联网技术的应用，传统产业可以实现生产流程的优化和管理的智能化，从而提高生产效率和产品质量，不仅为传统产业注入新的生机，还培育了一批具备现代化技能和理念的工作人员，为未来经济的发展奠定了坚实基础。因此，发展新质生产力绝不意味着简单地放弃传统产业，而是需要通过其转型升级来融合传统和现代，实现经济发展的全面提升，同时促进新技术、新产业的孕育和发展。

随着科技的快速进步和全球化的深入发展，传统生产力模式面临着越来越多的挑战和限制，转变发展方式、推动高质量发展成为当务之急，而新质生产力的发展则成为实现这一目标的关键路径之一。新质生产力以科技创新为主导，是指利用先进的科技手段和创新模式，通过信息技术、人工智能、大数据分析等工具，实现生产过程的智能化、网络化和高效化，不仅能够显著提升生产效率，还能够降低生产成本，提升产品质量和服务水平，从而推动整体经济的高质量发展。在数字文明时代的背景下，新质生产力更是引领产业革命的核心引擎。通过加强自主创新能力，国家和企业能够在全球竞争中保持领先地位，不断开拓新的市场和业务模式，科技基础的不断奠定和创新条件的不断改造，为传统生产力向现代化转型提供了重要支撑和保障。具体来说，新质生产力的发展加速了产业结构的优化和升级，推动了传统产业向高端制造和服务型经济的转型；促进了经济增长模式的转变，由传统的规模扩张驱动向以创新驱动和质量效益为核心的新模式转变。再者，新质生产力的发展还带动了就业机会的增加和人力资源的优化配置，提升了整体社会福利水平。发展新质生产力不仅是顺应时代发展的必然选择，更是推动经济社会进步的重要动力。因此，各国政府和企业应当加强合作与投资，共同推动新质生产力的发展，以应对全球挑战，实现共同发展和繁荣。

　　马克思恩格斯指出："人们所达到的生产力的总和决定着社会状况。"[1]新质生产力紧密围绕推动供给侧结构性改革，以满足人民群众日益增长的需求。人民至上是中国共产党长期以来的根本立场。作为执政党，中国共产党始终将人民群众的根本利益放在首位，将发展经济、改善民生作为其执政的根本目标，在推动新质生产力发展的过程中，中国共产党始终坚持以人民为中心的发展思想，不断优化经济结构，提高人民群众的生活质量，实现全体人民共同富裕的宏伟目标。供给侧结构性改革是推动新质生产力发展的战略抓手，供给侧结构性改革强调通过优化供给结构，增强经济发展的内生动力和可持续性，从而更好地满足人民群众多样化、个性化的需求，不仅包括提升产品和服务的质量和效率，还包括促进生产要素的优化配置和市场机制的健全，以确保经济增长更加稳定、均衡和可持续。新质生产力的发展必须紧

---

[1]　马克思恩格斯选集：第一卷 [M]. 北京：人民出版社，2012：160.

跟人民需求侧的新趋势和新要求。随着科技进步、消费升级、环境保护等因素的影响，人民群众对产品质量、环境友好型、个性化服务等方面的需求日益增强，中国共产党在推动新质生产力发展时，必须积极响应和满足人民群众的多元化需求，不断提升产品和服务的质量水平，推动产业向高端化、智能化发展，以增强经济发展的可持续性和社会的包容性。发展新质生产力需要全面推进改革开放。在当前全球经济竞争日趋激烈的背景下，中国共产党必须继续深化改革、扩大开放，不断提升市场经济的活力和竞争力，为新质生产力的发展创造更加宽广的空间和条件。人民至上是中国共产党的根本立场和价值取向，发展新质生产力必须以人民为中心，不断优化经济结构，促进新质生产力的发展，实现全体人民共同富裕的宏伟目标。

（三）新质生产力以新发展格局夯实发展根基

新质生产力是畅通国内大循环的重要源泉，在构建"双循环"新发展格局中发挥着关键作用。国内大循环强调以国内市场为主体，国内外双循环相互促进的发展模式，要求依托高效率、广分工和可持续等特征的新质生产力持续打通各个环节的堵点，为社会再生产提供持续动能。习近平总书记在党的二十大报告中指出："加快构建以国内大循环为主体、国内国际双循环相互促进的新发展格局。"[1]首先，新质生产力通过科技创新和技术变革，推动了社会再生产的各个环节交互融合。在数字化、智能化、绿色化的驱动下，新技术应用于生产、管理、销售等环节，实现了生产要素的高效配置和利用，提升了生产效率和质量水平。通过大数据分析优化供应链管理，智能制造提升生产线效率，生物技术应用于农业生产提高产量和质量等，都是新质生产

---

[1] 习近平.高举中国特色社会主义伟大旗帜为全面建设社会主义现代化国家而团结奋斗[M].北京：人民出版社，2022:28.

力在推动国内大循环顺畅运行中的体现。其次，新质生产力不断深化专业分工，优化了产业链和供应链结构。在国内大循环的框架下，产业链的优化和供应链的完善是关键环节，新质生产力使得各个产业环节更加专业化、精细化，通过创新技术和管理模式的结合，形成了具有竞争力的产业集群和供应体系，以先进制造业为核心的产业集群，通过互联网和物联网技术的应用，实现了供需信息的高效对接和资源的合理配置，推动了产业链上下游的协同发展。最后，新质生产力的发展为现代化产业体系的建设奠定了坚实基础。在"双循环"格局中，国内市场需求成为经济增长的主要动力，而新质生产力的发展，则直接支撑了国内市场需求的多样化和高品质化。高技术含量产品的生产和消费增加，智能制造带来的产业升级，以及环保技术的推广应用等，都为国内大循环提供了强劲的内生动力，推动了产业结构优化和经济发展方式转型。新质生产力作为畅通国内大循环的源泉，通过科技创新、产业链优化和供应链完善，为构建"双循环"新发展格局提供了不竭的动力。

新质生产力是促进国际大循环的内生动力，是当代中国经济发展的重要支撑和驱动力。在全球经济一体化的背景下，科技自主创新成为确保国内产业具备更大劳动生产效率和国际竞争优势的关键因素。科技自主创新是新质生产力发展的核心，随着科技的不断进步和全球产业分工的深化，依靠自主研发和创新能力，可以有效提升生产效率和产品质量，从而降低成本、增强市场竞争力。通过自主研发的高新技术装备和智能制造系统，不仅提升了生产线的自动化水平，还优化了资源配置和能源利用效率，推动了产业转型升级和质量变革。科技自主创新促进了国内产业链的升级和优化。在国际分工与合作中，新质生产力的形成不再依赖于发达国家跨国公司的技术输出和产业链布局，而是通过自主创新实现了关键技术的突破和市场的拓展。中国在5G通信、人工智能、新能源汽车等领域的快速发展，依靠自主研发和标准制定，推动了相关产业链的完整性和竞争力，提升了整体经济的抗风险能力和持续发展动力。新质生产力为产业可持续发展提供了重要支撑。在全球经济竞争激烈的背景下，依靠自主创新，可以有效应对外部环境的变化和市场的波动，降低对外部资源和技术的依赖性，从而实现产业的自主选择和可持续发展。通过生态环保技术的创新和应用，减少了生产过程中的环境污染和资源浪费，促进了生态文明建设和经济高质量发展的有机结合。总之，新质生产力对于推动国内企业深度参与国际大循环具有重要意义，通过加强科技创新能力，不仅可以提升企业在全球价值链中的地位和竞争力，还能够为国内产业的发展注入新的动力和活力，实现经济结构的优化和可持续发展。

在新发展格局下，推动新质生产力发展需要采取系统化的战略路径，需要扩大内需、深化供给侧结构性改革、加快创新教育体系改革等。首先，扩大内需是促进新质生产力发展的重要战略。内需扩大不仅能够提升国内市场的活力和韧性，还能够激发经济的增长潜力，政府可以通过有效的宏观经济政策，如增加消费者购买力、优化收入分配结构、扩大社会保障覆盖面等措施，推动居民消费升级和内需潜力释放，从而拉动新质生产力的发展。其次，深化供给侧结构性改革是优化经济结构、提升生产效率和质量的关键。要减少无效产能，推动技术进步，优化产业结构，改善供应链管理等，通过深化改革，为新兴产业和先进制造业创造良好的生态环境，提高整体经济效益和竞争力，推动经济向高质量发展转型。第三，加快以创新为核心的教育体系改革。教育是培养创新人才和推动科技进步的重要基础，通过更新教育内容、改革教学方法、加强学校与企业的合作等措施，可以提升人才培养质量和创新能力，为新质生产力的涌现和发展提供坚实的人才支持。最后，要建立国际联合研发平台。通过搭建国际合作的科研平台，集聚全球优秀科技资源，推动科技创新的跨国合作和成果转化，加速新技术的应用和产业的转型升级，从而实现全球经济的共同繁荣和可持续发展。总之，推动新质生产力发展需要系统化的战略路径和综合性的政策措施，只有这样才能够有效推动新发展格局良性发展。

第七章　方法论

　　方法论是人们在认识世界与改造世界的过程中形成并遵循的基本原则、价值立场、路径选择等诸要素的总和，既包含"怎么看"的基本认识路线，又包含"怎么办"的基本实践路径。坚持"三个解放"、坚持有所为有所不为、坚持因地制宜，从"怎么看"的认识层面与"怎么办"的实践层面，启发引导中国人民深刻领悟和把握发展新质生产力方法论的整体面貌和精髓要义，对于我们在新征程上加快培育和发展新质生产力，以新质生产力赋能现代化高质量发展具有重要指导意义。

一、坚持"三个解放"

　　"三个解放"是从全面深化改革的整体布局层面对发展新质生产力的方法论指南，坚持"三个解放"意味着解除各方面的束缚，使新质生产力得到自由而充分的发展。推动新时代新征程上新质生产力的加快形塑和发展，就需要深刻把握坚持"三个解放"的方法论，进一步在这"三个解放"上聚力精耕细作、坚持久久为功。

（一）坚持解放思想

在当今这个充满变革与创新的时代，新质生产力如同一颗璀璨的新星，正以其强大的力量重塑着世界的经济格局和社会形态，而要让新质生产力加速形成并充分释放巨大潜能，在现代化进程中坚持解放思想无疑是关键所在。从现实来看，科技的突飞猛进推动了新质生产力的日益崛起。在过去的几十年里，信息技术、生物技术、新能源技术等领域取得了重大突破，为新质生产力的发展奠定了坚实的基础。人工智能的出现，使得机器能够模拟人类的智能行为，实现自动化的决策和操作；大数据的应用，让我们能够从海量的数据中挖掘出有价值的信息，为企业的决策提供有力支持；生物技术的进步，为医疗、农业等领域带来了新的希望；新能源的开发和利用，为解决能源危机和环境问题提供了可行的途径。这些新技术的不断涌现，为推动新质生产力的快速形成和发展注入蓬勃活力。

然而，新质生产力的形成与发展并非一帆风顺。在前进的道路上，我们常常会遇到各种传统观念的束缚和阻碍。一方面，人们对新技术的接受程度往往较低，对其安全性和可靠性存在疑虑。例如，人工智能的发展引发了人们对失业问题的担忧，生物技术的应用也面临着伦理道德的挑战。另一方面，现有的体制机制和利益格局也可能成为新质生产力发展的障碍。一些传统企业为了维护自身的利益，可能会抵制新技术的应用，而政府部门在制定政策时，也可能会因为对新技术的不了解而采取保守的态度。面对这些挑战，解放思想就显得尤为重要。解放思想，意味着打破旧有的思维模式和观念束缚，以开放的心态迎接新的挑战和机遇。只有敢于突破传统，我们才能真正认识到新质生产力的价值和潜力。

坚持解放思想发展新质生产力是我们坚持和运用马克思主义认识论的客观要求。在浩瀚的宇宙演进与人类社会变迁的广阔图景中，万物皆处于一种不息的动态发展状态，无论是国家的兴衰更替、政党的理念演进，还是理论的深化拓展、主张的推陈出新，均无一例外地遵循着这一发展法则。在此宏阔的历史进程里，不存在任何形式的绝对真理、神圣教条或是已达极致、不可撼动的至高存在。因此人类认知也是伴随实践拓展而持续发展和深化的，人类对于世界的认知与理解，必然呈现出一种不断攀升、深入探索的态势。当已有认知落后于现实实践时，当既有思维模式、理论主张或观点见解无法契合现实实践的考验与时代进步的需求时，便急需我们勇于突破，摒弃那些已显陈旧、不再适应新环境的框架束缚，需要我们自觉和勇于从过时的思想框框中解放出来，以开拓创新的姿态，开辟新的思想路径，实现认知的飞跃与升级，迈向更加广阔的认知疆域。因此，唯有坚决摆脱落后于新时代的陈旧思想观念束缚，破除与发展新质生产力不相适应的体制机制，方能为全方位塑造和发展新质生产力打开"绿色通道"，方能推动新质生产力发展势如破竹、高歌猛进。但是需要明确的是，"解放思想不是脱离国情的异想天开，也不是闭门造车的主观想象，更不是毫无章法的莽撞蛮干"[1]，必须坚持实事求是，脚踏实地将新质生产力的发展落地生根、开花结果。

在坚持解放思想中激发创新创造活力。在新质生产力孕育和发展的各种条件中，创新是核心驱动力。而创新往往需要大胆的设想和尝试，需要摆脱传统思维的禁锢。当我们解放思想时，就能够鼓励更多的人勇于探索未知，敢于尝试新的技术和方法。从人工智能的算法创新到新能源的技术突破，每一个创新成果的背后都离不开解放思想的推动。例如，在互联网行业，一些企业敢于突破传统的商业模式，通过创新的平台模式和共享经济理念，实现了快速发展。这些企业的成功，不仅为新质生产力的发展树立了示范榜样，

---

[1] 习近平.在庆祝海南建省办经济特区30周年大会上的讲话[N].人民日报，2018-04-14(2).

也证明了解放思想对于创新的重要性。

在坚持解放思想中助力体制机制障碍突破。新质生产力的培育和发展需要与之相适应的体制机制环境。然而，现有的一些体制机制可能无法满足新质生产力的发展需求。通过解放思想，我们可以对旧有的体制机制进行大胆改革，建立起更加灵活、高效、鼓励创新的制度体系。比如，简化行政审批流程，降低企业的创新成本；加大对科技创新的投入，提高科技成果的转化率；完善知识产权保护制度，激励企业和科研人员的创新积极性。此外，还可以通过建立创新示范区、科技金融平台等方式，为新质生产力的发展创造良好的条件。

在坚持解放思想中有效促进国际合作与交流。在全球化的时代，新质生产力的发展离不开国际合作。通过解放思想，我们可以摒弃狭隘的民族主义观念，积极与世界各国开展合作与交流。引进国外先进的技术和经验，同时也将我国的创新成果推向世界，实现互利共赢。例如，在新能源汽车领域，我国企业通过与国外企业的合作，引进了先进的电池技术和生产工艺，提高了我国新能源汽车的竞争力。同时，我国的新能源汽车也在国际市场上取得了一定的份额，为全球的节能减排作出了贡献。

当前，人们对新质生产力这一新理论和新范畴，这一具有历史必然性与远大发展前途的全新的事物持有不同态度和看法。有人对其充满期待，认为它将带来前所未有的变革；也有人对其持怀疑态度，担心它会带来失业等问题。而无论何种观点，都需要我们以解放思想的态度去认真思考和对待。对于新质生产力带来的机遇，我们要敢于抓住，积极投入到创新的浪潮中。对于可能出现的问题，我们要以开放的心态去寻找解决方案，而不是因噎废食。坚持解放思想也要求中国式现代化进程中的每一个人不断学习和提升自己的能力。新质生产力的发展需要具备创新思维和专业技能的人才。我们不仅需要通过不断学习，掌握新的知识和技能，提高自己的综合素质，同时也需要注重培养创新意识和实践能力，敢于尝试新的事物，勇于面对挑战。唯有如此，我们才能在新质生产力的萌生和发展中以"自觉的能动性"[1]发挥出强劲实践力量，为社会的繁荣进步作出应有贡献。

总之，新质生产力是时代赋予我们的宝贵机遇，而解放思想则是开启这一机遇之门的钥匙。我们唯有坚持解放思想，方能勇敢地迈向新质生产力的广阔未来，以新质生产力赋能创造更加美好世界。在这个过程中，我们要以开放的心态、创新的思维和务实的行动，不断探索新的发展路径，推动新质生产力的持续健康发展。我们坚信在解放思想的引领下，新质生产力必将为人类社会带来更加辉煌的成就。

（二）坚持解放和发展社会生产力

历史的巨轮滚滚前行，在探讨社会发展的深层次动力时，生产力作为不可或缺的要素，不仅构成社会存在与发展的基石，更是推动社会进步最为活跃且极具革命性的终极决定力量。从人类社会大视野来看，从理论到实践，社会主义制度的建立与巩固，其最本源的驱动力正源自于生产力发展的迫切需求与内在逻辑。马克思指出，无产阶级夺取政权后，必须"尽可能快地增加生产力的总量"[2]。新中国成立后，毛泽东同志指出："社会主义革命的目的是为了解放生产力。"[3]改革开放以来，邓小平同志提出："社会主义的任务很多，但根本一条就是发展生产力。"[4]中国特色社会主义新时代，习近平总书记强调，推动强国建设、民族复兴，最根本最紧迫的任务还是进一步解

---

[1] 毛泽东选集：第二卷 [M]. 北京：人民出版社，1991：477.

[2] 马克思恩格斯文集：第二卷 [M]. 北京：人民出版社，2009：52.

[3] 毛泽东著作选读：下册 [M]. 北京：人民出版社，1986：717.

[4] 邓小平文选：第三卷 [M]. 北京：人民出版社，1993：137.

放和发展社会生产力。进言之，社会主义制度的完善与发展，并非孤立的过程，而是与生产力水平的提升紧密相连、相互促进的。在此宏观背景下，社会主义国家不仅要致力于促进生产力的持续增长，更要勇于突破旧有束缚，解放生产力，让其在更广阔的空间内自由驰骋，释放潜能。因此，将解放和发展生产力置于国家治理的首要位置，不仅要通过深化改革、创新驱动、人才优化资源配置等手段，不断为生产力的蓬勃发展注入新的活力与动力，还要加强制度建设，完善市场机制，为生产力的解放与发展提供坚实的制度保障和良好的外部环境。由此可见，解放和发展社会生产力业已从马克思主义政党的治国理政政策上升为具有普遍指导意义的方法论，也必将在新征程上科学指引着新质生产力在中华大地孕育、形成和发展的生动实践。

坚持创新驱动这一核心发展动力。生产力即人类征服并改造自然的能力，堪称启动人类社会进步的关键开关。纵览人类发展历程，生产力的每一次重大跃升皆伴随技术的突破性革新。新质生产力的技术深度与知识密集度远超传统生产力，标志着一种能力层级的质的飞跃。当前，前沿科技领域如新一代信息技术、智能科技、生物科技、清洁能源、先进材料、高端装备制造及绿色生态技术等，正以前所未有的速度涌现出颠覆性技术成果，科技创新与产业升级的互动融合趋势日益显著，数字化知识与信息作为核心生产要素，对提升生产力能级展现出越发强大的赋能效应。唯有坚定走创新驱动发展之路，方能加速技术迭代进程，有效整合大数据、物联网、云计算、新能源、航空航天等前沿科技要素，释放其潜在产能；方能驱动产业加速升级转型，强化高素质人才与高端生产要素的深度融合，催生出一系列创新产品、服务模式乃至崭新的产业链生态；方能促进生产关系的深刻变革，构建与中国式现代化进程相契合的新型生产关系，实现全要素生产率的全面提升；方能促进生产关系变革，优化形成与中国式现代化高度适配的新质生产关系。培育和发展新质生产力，须瞄定高水平科技自立自强，依托科技创新引领产业深刻变革，不断提升全要素生产效率，力求在未来发展中占据主动地位，全方位塑造可持续发展的新优势。

坚持以科技创新推动产业创新。产业不仅是生产力的重要载体，而且是生产力变革和发展的具体表现形式，加快培育壮大新质生产力要以现代化产业体系作为重要依托，科技创新与产业创新共同构筑成新质生产力塑造和发展的驱动之双轮。为促进社会生产力达成新的跃升，要积极拥抱数字化时代浪潮，全力推进数字经济的蓬勃发展，加速人工智能技术的迭代升级。在此基础上，致力于培育与构建作为驱动未来经济增长新引擎的生物制造、商业航天、低空经济等多个维度的战略性新兴产业集群；向"技术革命性突破"要新，勇于探索未知领域，前瞻布局未来产业，譬如量子科技、脑科学等前沿技术，开辟未来产业发展的全新赛道，引领科技创新推动产业创新潮流；积极响应绿色可持续发展理念，大力倡导并支持绿色低碳产业发展，推动产业结构向更加环保、高效的方向转型，从而构建一个以实体经济为稳固基石、融合强大创新能力与高端引领作用的现代化产业体系。

坚持解放人才这一根本生产力。在唯物史观视野中，全人类的首要生产力是人的劳动。换言之，最基本的社会生产力是人类本身，是生产力系统中最具决定意义、最活跃的能动主体。新质生产力是创新起主导作用的先进生产力质态，创新驱动本质上是人才驱动，培育壮大新质生产力归根到底还是要依靠人才、依赖于人才的创新能力。习近平总书记强调，"要按照发展新质生产力要求，畅通教育、科技、人才的良性循环"[1]，发展新质生产力要求缩小科技、教育、人才、经济之间的时空距离，必须破除束缚人才发展的思想观念和体制机制障碍，着力打通束缚人才助推新质生产力发展的堵点卡点，

---

[1]　习近平.发展新质生产力是推动高质量发展的内在要求和重要着力点 [J].求是，2024(11)：
　　　4-8.

加快形成可感知可触摸的生产力。发展新质生产力要求优化人才培养新模式，要调整高等教育学科设置，明确人才成长政治要求和价值导向，坚持为党育人、为国育才，在党和国家事业全局中思考和把握育人的政治使命。按照加快形成新质生产力的新标准和新要求，创建产教融合的复合型人才培养新方式，加快培养储备与战略性新兴产业、未来产业发展相适应的复合型专业人才和急需人才。根据科技发展新趋势，引进世界优质教学资源，拓宽国际交流渠道，让高水平、复合型人才充分涌流。总之，只有解放人才这一根本生产力，才能充分迸发人才创新创造活力，充分释放人才红利，充分发挥人才效能，从而为新质生产力发展进而实现新的跃升持续注入澎湃人才动能。

（三）坚持解放和增强社会活力

解放和增强社会活力既是以进一步深化改革推进和拓展中国式现代化的目标要求，也是加快形成和发展新质生产力亟待解决的紧迫问题。从历史上看，中国改革开放的壮丽历程与人息息相关，是人民群众的能动实践与不懈奋斗铸就了这一辉煌伟业。个人意愿与动力，即是否愿意投身事业、是否具备执行任务的能力，以及能否顺利达成目标，是衡量社会动力与活力的重要指标。这些个体层面的动力状态，又直接映射出整个社会体系的动力强弱与活力状况，进而决定了中国社会与中国式现代化是趋于停滞僵化，还是能够保持高速发展的态势。

同样，新质生产力是由人创造和推动的，是由人脚踏实地干出来的。人有没有意愿和积极性去创造新质生产力、有没有能力去发展新质生产力、能不能顺利地形成新质生产力，在一定程度上折射出社会是否充满动力和活力、是否解放和增强了社会活力，以能动主体地位直接关乎着新质生产力是蓬勃发展还是停滞僵化这一重大时代课题。中华民族蕴含着深邃的智慧与卓越的创造力，中国社会则潜藏着庞大的发展潜力，核心问题在于能不能发挥、怎样发挥、如何有效释放这些潜能，即探寻其释放的可行路径、具体策略以及导向何方，从根本上构建一个怎样的制度框架与运行机制，以充分激发、调动并汇聚全体国民的积极性、创造力，以及整个社会的内在动力与蓬勃活力。这一过程不仅关乎个体潜能的最大化实现，更是以新质生产力推动社会整体向前跃进、实现可持续发展的关键所在。

　　一个社会的迅速与稳健成长，其深层次根基牢固地植根于双重机制的协同作用之中。首要的是驱动力机制，它如同引擎，为社会的持续前行与升级提供不竭能量；其次则是稳定与平衡机制，它犹如舵手，确保社会在变革的浪潮中保持航向，避免颠覆与混乱。若缺乏强劲的动力机制，社会的步伐将难以迈出，进步之路将被阻塞；而若平衡机制缺失，社会结构则可能陷入无序，引发动荡与不安。因而任何社会形态的综合表征包括其优势与短板，实质上都是这两种机制各自效能及其相互间精妙平衡状态的直接反映。中华民族蕴藏着深厚的智慧与巨大的创造力，中国社会则蕴含着无尽的潜能与可能，关键在于如何有效地发掘与利用这些宝贵资源，即探讨如何发挥、如何锚定发挥方向，以及如何通过构建科学合理的制度与机制框架，来充分激发全体民众的积极性、创造性，以及整个社会的内在动力与活力，使之成为推动新质生产力发展与现代化进程的强大驱动力。因此，解放和增强社会活力，关键在于全面激发社会多元主体的积极性、自发性和创新能力。改革之要义就在于激发活力，使社会焕发蓬勃生机。社会活力不仅是现代社会的鲜明标识，更是推动社会健康、有序、持续发展的关键所在。若是社会缺失了这份活力，体制机制趋于僵化，个人的创造力将被束缚，进而制约社会生产力的蓬勃发展，甚至可能导致其发展陷入停滞。归根结底，我们要在激发、维持和增强这股不竭的社会活力中催生和发展新质生产力。

　　实践探索的征途绵延不绝，故而改革开放的浪潮亦当持续奔腾，永不止息。为匹配并推动新形态生产力的蓬勃发展，构建一套促进其繁荣的体制机制体系已成为当务之急。新形态生产力之生成，非凭空而起，亦非孤立存在，它根植于政府的前瞻规划、精准施策与市场机制的灵活调节、微观主体的不懈创新之中，是政策引导与市场驱动双轮并进的产物，共同塑造了其成长壮大的土壤。鉴于此，我们需进一步深化经济及科技等领域的体制改革，致力于清除阻碍新形态生产力发展的所有障碍与瓶颈，构建一个开放、高效、高标准的市场体系。在此过程中，创新生产要素的配置模式，优化资源配置效率，同时拓宽高水平对外开放的广度和深度，以全球化的视野促进资源的自由流动与高效利用。尤为重要的是，要充分发挥我国独特的制度优势，即集中资源办大事的能力，以及依托超大规模市场所蕴含的无限潜力，为新形态生产力的快速发展提供坚实的支撑与广阔的舞台。

解放和增强社会活力，加速新生产力的培育与发展，我们必须坚定不移地深化创新战略，将创新视为驱动发展的核心引擎。这要求我们持续深化科技体制改革，不仅要在广度上拓展，更要在深度上掘进，坚决破除束缚科技创新的陈旧观念与制度束缚，为创新活力的充分释放扫清障碍。通过这一系列的改革举措，旨在将科技创新从推动高质量发展的众多因素中凸显出来，使其成为引领高质量发展的"核心增量"，为经济社会全面进步注入不竭动力。我们要破除束缚人才发展的思想观念和体制机制障碍，切实把人才从不适宜体制机制的束缚中解放出来，着力打通束缚人才助推新质生产力发展的堵点卡点，加快形成可感知可触摸的生产力。当前我国科技人才队伍蕴藏着巨大创新潜能，关键是要通过深化体制改革和机制创新将这种创新潜能有效释放出来。推进人才管理体制改革，转变政府人才管理职能，向用人主体放权，为人才松绑，使各方面人才各得其所、尽展其长。

解放和增强社会活力，加速新生产力的培育与发展，我们需要促进科技领域的开放协同与合作发展。开放是驱动进步的不竭源泉，而封闭则易使发展陷入停滞。在新质生产力的加速培育过程中，深化高水平对外开放是不可或缺的一环。科技进步作为跨越国界、顺应时代潮流的全球性议题，唯有秉持开放合作的理念，方能把握其正确方向。面对日益复杂的国际环境，我们更应秉持开放心态，拓宽合作视野，坚持科技开放合作以增进人类福祉为目标，同时兼顾开放与安全的平衡，更加积极地嵌入全球创新体系之中，通过开放合作机制强化自身的科技创新能力。为此，需要进一步扩大国际科技交流合作的广度与深度，强化国际化科研环境的构建与优化，在构建一个具备全球视野与竞争力的开放创新生态系统中发展新质生产力，实施更为开放、包容且注重互惠共享的国际科技合作策略中充分利用"一带一路"倡议等国际平台，引领并高效组织国际大科学计划与大科学工程，鼓励并支持各国科研人员跨越国界，从而在共同培育一个充满活力、竞争与合作并存的全球开放创新环境中培育壮大新质生产力。

二、坚持有所为有所不为

习近平总书记关于新质生产力的重要论述蕴藏着对"有所为"与"有所不为"的深邃洞见，为我们加快形成新质生产力并在实践中形成并展示出对高质量发展的强劲推动力、支撑力提供了正确方法。完整、准确、全面、深刻体悟这一重要论述，焕发亿万人的思维激荡，需要我们科学把握有所为与有所不为的辩证关系，做到主动敢为快为，坚决有所不为，把握敢闯敢试、快为善为、久久为功的践行要义。

（一）把握有所为与有所不为的辩证关系

"有所为"与"有所不为"是辩证统一的关系，本质上是指要根据"时"与"势"来决定取舍，做重要的、适合的事情，不做或暂时不做不重要、不合适的事情，蕴藏着深厚哲学智慧和深邃实践智识。习近平总书记指出："产业发展必须坚持有所为、有所不为，着力培育体现本地特色和优势的现代化产业体系"[1]，启示我们加快塑造新质生产力要深刻把握有所为和有所不为的辩证法，为在新质生产力发展中把握好进退取舍的力度和尺度、把握好"积极作为"与"审慎不为"的实践要义提供科学方法指导。

在发展新质生产力的问题上首先要把握生产力发展连续性与跳跃性的辩证关系，从而为新质生产力发展实践"为"与"不为"提供科学方法指导。从新质生产力的产生来看，新质生产力不是无源之水、无本之木，而是传统生产力以持续的量变积累引起质变而形成的更高级的生产力样态。因此，新质生产力与传统生产力并非"彻底决裂"的水火不容关系，培育壮大新质生产力亦非简单化地废弃传统生产力、抛弃传统产业的断裂式发展，而是一个从传统生产力经过一定量的积累跃升到新质生产力的辩证发展过程。既要从传统生产力中汲取积极要素来培育和发展新质生产力，又要以新技术要素赋能传统生产力，推动传统产业"脱胎换骨"、提质升级。从新质生产力的发展来看，新质生产力不是轻而易举就能实现的，而是一个循序渐进的长期过程，这一过程是新质生产力运动在时间上的持续性和空间上的广延性的自我确证和实际体现，启示我们要用历史的和变化发展的眼光去看待新质生产力，发展新质生产力要以具体的时间、地点和条件为转移。

从对立统一观点来看，新质生产力"有所为"的目的是发展，"有所不为"的目的也是发展，两者在目标上是一致的，殊途同归。譬如，在追求绿色低碳转型的进程中，部分区域选择关闭高耗能工厂、终止非环保项目，此举虽在短期内可能对经济增长速度造成一定影响，但从宏观视角审视，此举长远来看不仅实现了生态环境的显著改善，如天空更湛蓝、山川更翠绿、水体更

---

[1] 习近平在青海考察时强调持续推进青藏高原生态保护和高质量发展奋力谱写中国式现代化青海篇章 [N]. 人民日报，2024-06-21.

清澈，为民众带来了广泛而深远的民生福祉；更深层次地，它促进了产业结构的深度优化与升级，激发了产业向智能化转型的内在动力，进而驱动整个现代化产业体系迈向更加高效、可持续的发展轨道。从矛盾运动观点来看，"有所为"与"有所不为"的界域并非固定僵化，其间的平衡可随环境条件之变而灵活转换。因此，我们需秉持动态发展的视角，精准研判国内外宏观环境及产业演进趋势，做到审时度势、顺势而为，灵活调整"为"与"不为"的策略布局。通过敏锐捕捉机遇、灵活应对挑战，我们能够在复杂多变的形势下，实现进退自如、取舍合理，从而不断推动新质生产力发展的实践探索迈向新的高度。

总之，在推动新质生产力的发展征途上，我们需深刻领悟并践行"有所为"与"有所不为"的辩证之道，在应"有所为"时敢为善为，在应"有所不为"时保持定力，在新质生产力的浪潮中乘风破浪，稳健前行。

（二）发展新质生产力需要主动敢为快为

发展新质生产力既是推动高质量发展的核心动力与内在要求，又是促进生产力不断进化升级、迈向现代化的关键路径。我们必须以高质量发展作为首要任务，并紧密围绕构建新发展格局这一战略使命，勇于开拓，敢于创新，展现新风貌，付诸新行动，从而确保新质生产力的发展缔结出显著而崭新的硕果。

以创新驱动力勇闯无人境区。在探索未知领域的征途中，我们依靠"创新"这一强劲驱动力，无畏地踏入"无人之境"。从科幻色彩与实用性并重的脑机融合技术，构想未来科技蓝图，到"奋斗者"号潜水器勇闯万米深渊，挑战人类深海探索的极限；从"5G 融合 AI"的智能革命，到"新能源"产业的蓬勃兴起，这一系列科技浪潮犹如涓涓细流汇聚成澎湃江河，不仅见证了创新之力的生生不息，更深刻诠释了新质生产力发展的内在逻辑。科技创新，作为催生新兴产业形态、重塑经济模式、激发全新增长动能的关键力量，构成了推动新质生产力跃升的核心引擎。在这一进程中，我们需将科技创新视为永不枯竭的"动力源泉"，秉持求真务实的精神，积极促进科技成果与产业链条的紧密对接与深度融合，让科技创新成为现代化产业体系构建的领航灯塔，成为激发市场主体内在创新潜能与活力的"核心支柱"与"增长加速器"。具体而言，通过构建科技创新与产业实践之间的桥梁，我们能够加速科技成果的转化应用，推动产业结构优化升级，为经济社会的全面进步提供源源不断的前进动力。这一过程不仅促进了新质生产力的快速成长，更为我国在全球化竞争中抢占先机、赋能高质量发展奠定了坚实基础。因此，坚持科技创新引领，是我们在复杂多变的发展环境中乘风破浪、锐意进取的必然选择，也是推动社会全面进步、实现民族复兴伟大梦想的不竭动力源泉。

以绿色驱动力恪守生态底线。在追求经济高质量发展的宏伟蓝图中，绿色战略已成为不可或缺的驱动力，深刻塑造着生态文明与经济发展的共生格局。绿色发展作为高质量发展的核心底色，其本质在于新质生产力的绿色化转型，这些新动力源本质上即是绿色生产力的典范。为加速这一转型进程，我们需坚定不移地发起污染防治的全方位战役，将新发展理念作为绿色实践的灯塔，引领实际行动取得突破性成效。在此过程中，资源的集约高效利用与循环再生成为关键一环，不仅要求我们在生产源头实施精准管控，更倡导在生产末端的资源再循环体系构建，实现资源价值的最大化释放。针对传统产业，我们积极策动其转型升级的浪潮，通过技术创新与管理优化，推动其发展模式向绿色化、低碳化深度迈进，形成绿色发展的新动能。同时，产业结构优化的步伐亦需加快，聚焦于数字经济、生物经济等前沿领域，以及碳达峰、碳中和等全球性议题，构建绿色低碳的产业生态体系。特别是低碳零碳技术的研发与应用应被置于战略高度，通过有组织的技术攻关，破解绿色发展中的技术瓶颈，为可持续发展提供坚实支撑。秉承"绿水青山就是金山银山"的生态文明理念，我们倡导并实践绿色健康的生活方式，这不仅是对自然环境的尊重与保护，更是对人类自身福祉的深远考量。在这一理念的引领下，新质生产力在生态优先、绿色发展的道路上稳步前行，不仅促进了绿色发展实践的深化，也实现了与新业态经济健康成长的良性互动与协同发展，共同绘制出一幅经济繁荣与生态和谐的壮丽画卷。

以人才驱动力提供强力支撑。在构建社会主义现代化国家的宏伟蓝图中，人才展现出前所未有的驱动力，成为支撑国家发展的基石与引擎。党的二十大报告深刻阐释了教育、科技、人才三者作为国家的核心支柱的重要性，提出"深化人才发展体制机制改革"[1]，构建能够高效汇聚并激发各类卓越人才潜能的生态系统，确保国家的各项事业均能吸引并留住最优质的智力资源。特别是青年科技人才作为国家创新体系中的新鲜血液与活力源泉，其培养与运用直接关系到科教兴国、人才强国及创新驱动发展战略的加速推进。在这一背景下，需进一步强化"识才、育才、用才"的"伯乐"机制，鼓励高水平科技人才如繁星般璀璨绽放，形成多元主体、竞相发展的生动局面。同时，加强对青年科技人才的政治引领与思想导航，激发他们胸怀家国天下的使命感与责任感，确保科研活动始终服务于国家重大战略需求与人民福祉。梧高凤必至，花香蝶自来。要营造一种全社会范围内求才若渴、对创新无限崇尚的积极氛围，是构建创新生态的关键一环。通过构建全方位、多层次的教育培训体系，不仅为青年科技人才提供成长的沃土，更助力他们在科技强国的征途上茁壮成长、勇攀高峰。在此基础上，凝聚社会各界力量，凝心聚力攻克制约高质量发展的关键技术难题，尤其是那些制约新质生产力发展的"卡脖子"难题，以人才之基筑牢科技强国之路，推动国家发展迈向新高度。

---

[1] 习近平.高举中国特色社会主义伟大旗帜为全面建设社会主义现代化国家而团结奋斗
[N].人民日报，2022-10-26.

以改革驱动力实现全新突破。纵览中国社会发展历程，深化改革作为不可或缺的法宝，引领着生产力在神州大地不断实现新飞跃的壮丽征程，因而培育并壮大新质生产力，须坚定不移地向前迈进深化改革的步伐，构建一套与之高度契合、相辅相成的现代生产关系体系。正如习近平总书记所言，"发展新质生产力，必须进一步全面深化改革，形成与之相适应的新型生产关系"[1]。我们在加快形成新质生产力过程中要精准识别并着力破解制约新质生产力萌芽的关键瓶颈与障碍，以前瞻性的视野与包容开放的思维范式，精准施策，深化改革，促进发展，力求在关键领域实现突破性进展。在社会领域，进一步优化营商环境成为激发市场活力的关键一环，因而我们要努力营造公平竞争、创新驱动的良好生态，为企业在新赛道上的竞速发展新质生产力搭建更加出彩的平台。值得注意的是，深化改革不仅有效促进经济领域体制机制的自我革新，更为全面提升国家治理效能、增强社会发展内生动力提供了强大引擎。通过改革创新，我们将新质生产力所获得的每一份成就真切转化为对人民至上发展理念的生动实践，确保发展成果惠及全体人民。从这个意义上讲，发展新质生产力的浪潮将以前所未有的力量，推动民生福祉的全面提升，达成社会治理能力现代化与人民生活质量同步跃升的历史性跨越，开创出社会各项事业发展的崭新华章。

概括地说，在追求发展新质生产力的前进征途上，要敢于成为先行者，勇于突破传统，敢于面对未知。正如航海家勇敢驶向未知的海洋，怀揣着坚定的信念和勇往直前的决心，不断探索、创新，为发展新质生产力注入源源不断的动力。唯有如此才能在全球化的大潮中牢牢站稳脚跟，为国家的繁荣富强、人民的幸福安康贡献敢于发展新质生产力的力量。

---

[1] 习近平. 发展新质生产力是推动高质量发展的内在要求和重要着力点 [J]. 求是，
    2024(11).

（三）发展新质生产力必须坚决有所不为

发展新质生产力不能未"立"先"破"。在推动新质生产力的发展进程中，不能未"立"先"破"，妥善把握"立"与"破"之间的辩证统一关系至关重要。"立"构成发展的稳固基石，而"破"则是推动变革的先决条件，两者相互依存，共同作用于事物发展的动态平衡之中。若未及"立"便急于"破"，犹如舍弃现有之基而盲目探索，可能导致在尚未稳固新支撑之际便失去既有依托，此举缺乏稳健性；反之，若一味追求"破"而忽视"立"，则易陷入不断尝试却难以累积成果的困境，如同寓言中的狗熊掰玉米，行路虽远，收获却寥寥，难以达成实质性的进展。唯有在"立"的基础上推进"破"，在"破"的推动下稳健"立"，才能稳扎稳打向前进。习近平总书记指出，"发展新质生产力不是忽视、放弃传统产业"[1]，核心在于深耕"创新"之道，从而促使新兴产业与传统产业交织并进，实现优势互补与融合共生。一方面，致力于孵化并壮大新兴产业的蓬勃力量，同时前瞻性地规划并构建未来产业的蓝图，抢占发展先机；另一方面，不遗余力地推动传统产业的转型升级，加速其向高端化、智能化、绿色化的深度蜕变，让新兴力量如雨后春笋般涌现的同时，也让传统产业焕发新生，犹如古树逢春，新芽吐绿。因此，在促进新质生产力发展的过程中，必须精心平衡"立"与"破"的力度与节奏，确保两者相辅相成，共同驱动生产力向更高层次发展。

发展新质生产力不能一哄而上、泡沫化。习近平总书记指出，发展新质生产力"要防止一哄而上、泡沫化，也不要搞一种模式"[2]。在推进新质生产

---

[1] 习近平在参加江苏代表团审议时强调 因地制宜发展新质生产力 [N]. 人民日报，2024-03-06.

[2] 习近平在参加江苏代表团审议时强调 因地制宜发展新质生产力 [N]. 人民日报，2024-03-06.

力的培育与发展中，面对新兴的发展契机，内心需怀揣热望，但决策时务必保持清醒的头脑与稳健的步伐。鉴于我国地域辽阔，各地资源分布、产业基础、科研环境等各具特色，差异化显著，因此，新质生产力的发展策略必须紧密贴合地方实际，遵循客观规律，避免盲目乐观下的冲动行事，即防止一味追求速度而陷入泡沫化、同质化的"热潮"之中，也要规避无差异化竞争，简单复制他方模式的"惰性创新"。防止一哄而上、泡沫化关键在于，各地应深入挖掘并依托自身独有的资源禀赋与产业优势，采取因地制宜、量入为出的策略，明确发展的重点与边界，实现差异化与特色化发展，而不能"一刀切""一锅煮""一把尺子量到底"。这意味着在规划与实施过程中，需精准施策，既勇于开拓新领域，又审慎评估，避免不必要的风险与资源浪费。通过打造"特色化品牌"，走出一条符合自身实际的务实发展之路，脚踏实地，步步为营，从而在激烈的竞争中开辟出一片独具特色的新天地，为高质量发展注入强劲动力。

发展新质生产力不能零敲碎打、闭门造车。在新质生产力的发展上存在着诸如零敲碎打、闭门造车的认识误区和实践雷区。对于独立的科研个体而言，勇于在未知疆域进行初步探索是值得鼓励的尝试。然而，当视角转向区域或行业层面，推动新质生产力的增长则不容许碎片化、零散化的操作。采取随机性、无系统性的"即兴发挥"策略，如东拼西凑、缺乏连贯性的做法，此类路径难以引领至正确方向。相反，应当秉持全局观念，进行系统性规划与部署，包括科学的评估判断、前瞻性的战略布局，以及条理清晰、步骤明确的推进策略。在实施过程中，需注重策略的深度与广度，明确重点与辅助领域的区分，确保各项举措既相互独立又紧密协作，共同遵循创新引领、市场导向、治理优化的内在逻辑，稳步前行，以实现新质生产力的全面跃升。与此同时，在推进新质生产力的发展过程中，另一个常见误区是"闭门造车、自我设限"：发展新质生产力时两耳不闻窗外事、关起门来自己干，闭门造车，画地为牢。然而，真正的推进路径应是追求高水平科技自立自强与深化对外开放并举，不仅强调内在创新能力的提升，确保核心技术自主可控，还倡导积极融入全球科技合作与产业变革的浪潮中，实现互利共赢。只有通过这样的双向努力，所孕育出的新质生产力才能具备强大的国际竞争力与本土根植性，既能敏锐捕捉并响应全球科技革命与产业变革的脉搏，又能牢牢掌握在自身手中，成为引领未来发展的重要力量。

三、坚持因地制宜

随着全球经济一体化和科技创新的迅猛发展，新质生产力已经成为推动经济社会持续发展的核心动力。然而，如何根据不同地区的资源禀赋、产业基础和发展需求，制定和实施有效的发展策略，成为摆在我们面前的重要课题。不同地区的资源条件、历史文化、经济基础等差异巨大，这就要求我们在发展新质生产力时，不能简单地套用统一的发展模式，而是要紧密结合当地实际，进行科学的规划和设计，通过深入调研，了解各地的比较优势和发展潜力，制定符合当地特点的发展策略，这是实现新质生产力快速发展的关键。

（一）因地制宜是发展新质生产力的科学方法论

置身于一个纷繁复杂、瞬息万变的现实世界中，我们每时每刻都急需科学方法论作为坚实的导航灯塔。方法论本质上是对人类认知与改造世界途径的系统性理论阐述，它构成了我们行动智慧的基石。在实践的征途中，若缺乏恰当的方法论指引，就如同航海者失去了罗盘，往往导致努力与成效不成正比，甚至误入歧途，南辕北辙。反之，一旦掌握了正确的方法论，就如同掌握了开启成功之门的钥匙，能够显著提升效率，达到事半功倍的效果。在中国共产党的思想体系中，实事求是不仅是其世界观与方法论的坚固基石，更是指导一切行动的根本原则。它强调从客观存在的实际情况出发，不唯书、不唯上、只唯实，因地制宜地制定策略与措施，确保理论与实践的紧密结合，推动事业不断向前发展。而因地制宜这一科学方法论正是实事求是的具体体现，能够引领我们在复杂多变的现实世界中稳健前行。

党的十八大以来，习近平总书记屡次就为何坚持实事求是原则以及如何坚持实事求是等重要时代课题，发表了诸多鞭辟入里的阐述。他强调，实事求是不仅是马克思主义理论体系的精髓所在，更是中国共产党人洞察世界、变革世界的基本要求，构成了我们党在思想、工作及领导层面上的核心方法论。这一原则跨越时空界限，无论是历史回望、当下实践还是未来展望，均要求我们坚定不移地立足实际，将理论与实践紧密融合，通过实践的熔炉不断验证并发展真理。习近平总书记的一系列重要论述，不仅是对实事求是精神的深刻挖掘，更是对从实际出发这一原则的崇高致敬。它高屋建瓴地揭示了实事求是原则对于指导我们行动、推动社会进步所具有的不可估量的价值，为新时代下坚持和发展中国特色社会主义提供了强大的思想武器和行动指南。

因地制宜是践行实事求是这一根本原则的具体体现。实事求是，作为马克思主义哲学的核心要义，亦是中国特色社会主义理论体系不可或缺的指导思想，它倡导基于实际状况与客观法则，进行精准的问题剖析，并据此科学制定政策与举措。因地制宜的理念，则蕴含了对差异性的尊重、对条件的精准适配以及对需求的有效满足，其内核正是实事求是，与党的实事求是思想路线紧密相连，生动展现了从实际出发、理论与实践相结合的原则。因地制宜发展新质生产力，在深度挖掘并高效利用各地的独特资源禀赋，通过在实践中不断积累经验、灵活调整策略，能够构建促进经济持续健康发展的良性循环机制。这一过程，不仅强化了政策与地方实际的契合度，还促进了创新能力的提升，为经济的多元化、高质量发展奠定了坚实基础。因此，因地制宜地发展新质生产力，不仅是实事求是原则的深刻实践，也是推动中国特色社会主义事业不断前进的重要路径。

　　发展新质生产力时采取的因地制宜策略，同时深刻体现了"针对具体情况采取具体对策"的方法论精髓，这是马克思主义思想中灵活应变、实事求是的生动体现，亦为解决现实问题提供了根本性的科学指南。因地制宜摒弃了"一刀切"的僵化模式，避免了盲目追求速度与规模的短视行为，转而聚焦于各地独特的发展阶段与资源禀赋，精准设定发展目标，科学制定政策与措施，倡导稳健前行的原则，确保新质生产力的培育过程既稳健又高效。在处理传统产业与新质生产力的相互关系时，尤为需要秉持"具体问题具体分析"的原则，运用全面审视、辩证分析、动态把握的思维方式，去观察和理解两者之间的复杂互动。这意味着不仅要看到新质生产力对传统产业的潜在冲击与革新机遇，也要认识到传统产业在新时代背景下所蕴含的转型价值与基础支撑作用，从而在两者间寻求最佳平衡点，促进经济的整体协调与可持续发展。

　　当前，迈入 21 世纪的新纪元，全球科技创新活动呈现出前所未有的蓬勃态势，一场波澜壮阔的科技革命与产业转型正席卷而来，深刻重塑着全球创新生态与经济结构蓝图。在信息科技、生命科学、智能制造、能源技术、空间探索、海洋开发等多个维度，原创性成果的涌现为尖端科技与颠覆性技术的孵化注入了不竭源泉，科技力量正以前所未有的广度与深度，重塑着生产方式与生活方式的面貌。在此宏阔背景下，加速培育新质生产力，对于我国而言，不仅是实现现代化强国宏伟目标的必由之路，也是满足人民日益增长的美好生活需要、在国际竞争舞台上占据先机，以及促进全球可持续发展的重要战略选择。因此，我们必须秉持高度的紧迫意识与使命感，紧紧抓住当前科技革命与产业革命赋予的历史性机遇，瞄准全球科技发展的最前沿，勇于担当引领科技潮流的重任。通过加速科技成果的转化应用，积极培育战略性新兴产业与未来产业，我们致力于快速培育并壮大新质生产力。因地制宜发展新质生产力，健全因地制宜发展新质生产力体制机制，既蕴含深刻的理论价值，又具备重大的实践意义，业已成为指导我们发展新质生产力的科学方法。正如习近平总书记所指出的，发展新质生产力要"从实际出发，先立后破、因地制宜、分类指导"[1]，这一方法论强调了尊重客观规律、灵活应变、精准施策的重要性，为我们指明了在复杂多变的国际环境中，如何有效推进新质生产力发展的科学路径，成为我们加快形成和发展新质生产力的科学指南针。

（二）坚持因地制宜发展新质生产力是客观要求

在马克思主义哲学视野中，事物的存在和发展是有条件的，揭示了万物存在与演进的必然制约性，强调所有现象的演变均植根于特定条件之中，故而倡导对具体问题实施深入而细致的差异化剖析。这一过程要求详尽审视事物的内在与外在因素、普遍性与特殊性、决定性要素与非决定性要素，以及主观认识与客观实际之间的复杂关联。唯有当适宜条件汇聚成势，既定目标或难题的化解方显可能。鉴于事物的动态性与发展性，过往的经验虽具参考价值，却不可机械复制至当下乃至未来情境之中，以免陷入刻舟求剑的误区。地域间的差异性决定了各区域面对问题的独特条件，因此，经验的积累与运用需根植于本土实际，融合创新思维，形成因地制宜、因时制宜的问题分析与解决策略。学习先进经验，并非简单的模式移植或表面模仿，即非"邯郸学步"式的全盘接收他地做法。真正的精髓在于领悟其背后的思维方式、价值导向及方法论体系，旨在培养自身独立分析问题、灵活应对挑战的能力，从而在新情境下创造性地运用所学，实现经验的本土化与深化发展。

---

[1] 习近平在参加江苏代表团审议时强调 因地制宜发展新质生产力 [N]. 人民日报，2024-03-06.

因地制宜这一方法论要求在规划与实施发展策略时，实施差异化策略，即根据各区域独特的自然禀赋、人文景观、发展生态及科研基石，量身定制相应的发展举措，要科学而精准地把握普遍性与特殊性的辩证关系。具体而言，党中央制定的战略路线、基本方针及政策导向，构成了指导全国发展的普遍性框架，对各地具有广泛的引领价值，而各地区则展现出其特殊性，要求在实践中巧妙融合党中央的宏观指导与本地具体情境，实现政策的创造性转化与具体执行。所谓"因地制宜"中的"地"，是指各区域间纷繁复杂的实际状况，包括但不限于地理位置的独特性、自然资源的差异性、经济基础的厚薄、科技实力的强弱、交通网络的通达度、人口结构的多样性以及风土民情的丰富性等，这些元素共同构成了各地区独一无二的发展底色。正如自然界中不存在两片完全相同的叶子，全球范围内亦难觅两个在国情区情上毫无差异的国家或地区，这表明强调因地施策的必要性与紧迫性，要求我们在推动发展新质生产力过程中，深入调研、精准把脉，确保每一项发展措施都能精准对接地方实际，实现高效、可持续的发展目标。在策略部署上，因地制宜的精髓首先在于差异化体现，即深刻理解和反映各地区在遵循党中央路线方针政策指引下的独特性与差异性，杜绝盲目复制他地经验的做法。同时由于各地发展条件始终处于动态变化之中的客观事实，发展新质生产力的政策和方案亦需顺应时代变迁而灵活调整。正如党的二十大报告所指出的："坚持和发展马克思主义，必须同中国具体实际相结合……更不能把马克思主义当成一成不变的教条。"[1] 正是从这个意义上讲，坚持因地制宜发展新质生产力是我们坚持马克思主义科学方法论指导的客观要求。

从中国社会发展现实来看，坚持因地制宜发展新质生产力也是推进高质

---

[1] 习近平. 高举中国特色社会主义伟大旗帜 为全面建设社会主义现代化国家而团结奋斗 [N]. 人民日报，2022-10-26.

量发展的客观要求。自新中国成立以来，尤其是改革开放四十余载的辉煌历程中，中国已跃居世界发展舞台的显著位置，成就斐然。然而，审视当前，我们需清醒认识到，过往经济的高速增长模式高度依赖于劳动力、资本及土地资源等传统要素的密集投入。面对国内外环境的深刻变革与新兴挑战，"既往的粗放型发展模式已步入瓶颈期，难再持续支撑长远发展"[1]。具体而言，一是劳动力市场的结构性变迁尤为显著。一方面，人口红利逐渐褪色，劳动力成本持续攀升，迫使传统劳动密集型产业步入转型升级的紧迫关头，亟须寻找新的增长点；另一方面，高端人才供给的短板日益凸显，特别是顶尖创新型人才与跨界复合型人才的匮乏，已成为阻碍新质生产力释放潜力、实现跨越式发展的关键桎梏之一。因此，因地制宜地优化资源配置，强化人才战略，已经成为促进新质生产力发展从而推动中国经济转型升级、迈向高质量发展的重要路径。二是生态资源环境方面的制约日益增强，对经济发展模式构成了显著挑战。过往那种高度依赖高投入、高消耗及高排放的传统路径已难以为继，促使我们转向绿色、循环及低碳等新型发展模式，这不仅是时代所需，更是可持续发展的必由之路。三是市场需求结构正经历着深刻重构，消费升级浪潮席卷而来，服务经济蓬勃兴起，加之数字化转型的全面加速，共同对生产力布局与提升提出了新的更高要求。如何精准对接人民群众日益增长的对美好生活向往的多元化需求，已成为当前中国经济转型升级过程中的核心议题。此外，受历史积淀、地理条件、政策导向等多重因素的交织影响，我国区域间的发展水平呈现出显著的差异性，发展失衡现象作为一项长期存在的挑战，其不仅体现在经济总量的不均衡上，更深刻影响着经济社会各领域的协调发展。这种发展不平衡不充分的问题，已逐渐成为制约中国经济实现更高质量、更可持续健康发展的关键瓶颈之一，亟待通过科学规划与有效政

---

[1] 蒋永穆. 高质量发展是新时代中国经济发展的鲜明主题 [J]. 理论导报，2023(7).

策干预加以破解。

　　面对当前中国发展亟待转型和复杂多变的客观形势，因地制宜发展新质生产力是驱动中国经济向高质量发展迈进的有效路径。在新质生产力培育和发展中讲求因地制宜、精准施策，能够优化劳动力资源的空间布局，依据各区域独特的劳动力结构特征，实施差异化配置策略，以此加速产业升级步伐，并强化人才梯队建设，从根本上提升劳动者的专业素养与综合能力，进而为经济质量的飞跃奠定坚实基础。同时，因地制宜理念亦能引领绿色发展新风尚，鼓励各地依托自身丰富的资源禀赋与独特的竞争优势，大力发展清洁能源、节能环保等绿色产业，促进资源的高效利用与循环再生，有效遏制环境污染与生态退化趋势，构建经济繁荣与生态保护和谐共生的新格局。此外，面对市场需求的日新月异，因地制宜策略强调灵活应对，紧密跟踪市场趋势的细微变化，推动产业结构向高端化、智能化、服务化方向转型升级，提升产品与服务的核心竞争力与附加值，精准对接人民群众对高品质生活的多元化追求。更为重要的是，因地制宜发展新质生产力对于促进区域经济均衡发展、缩小地域间的发展鸿沟具有深远意义。它倡导区域间优势互补、协同发展，通过政策引导与资源倾斜，逐步缩小地区间的经济发展差异，为实现全体人民共同富裕的宏伟目标铺设坚实道路。因此，在推动中国迈向高质量发展新阶段的进程中，因地制宜地培育与激发新质生产力，是精准把握国情实际、顺应时代潮流的必然抉择。

（三）把握因地制宜发展新质生产力的工作方法

　　因地制宜发展新质生产力要坚持深入调查研究。为了深入剖析并精准把握地域特性，我们必须开展详尽无遗的调研工作，彻底摸清"地域基底"，细致了解省、区、市、县乃至乡镇的实际情况，清晰界定各自的优势领域与潜在劣势。正如毛泽东同志在《反对本本主义》中所强调的："没有调查就没有发言权。"[1] 习近平总书记亦多次深刻阐述，将调查研究视为领导干部胜任工作的基石之一，其能力高低直接关联到领导干部综合素质的完整性。因此，调查研究不仅是一项关键的工作策略，更是关乎党和人民事业兴衰成败的重大议题。发展新质生产力构成一项复杂而系统的工程，涵盖了广泛领域与多层次要素，在推动新质生产力的发展进程中，我们需详尽考察目标区域的历史沿革、现状格局，特别是聚焦于与新质生产力密切相关的方面，明确其优势资源与薄弱环节，进而精准定位突破点与着力点。基于此，我们应精心制定涵盖短期、中期与长期的发展蓝图与实施方案，确保规划既具前瞻性又具可操作性。在此过程中，我们既要树立坚定的信心，积极应对挑战，亦需保持清醒的头脑，充分预见并评估发展过程中可能遭遇的困难与不利因素。务必警惕脱离实际、盲目跨越发展阶段、急功近利或冒进求成的倾向，坚持实事求是、量力而行的原则。同时，既应秉持时不我待的紧迫感，又需稳扎稳打，确保每一步都坚实有力，推动新质生产力在蹄疾步稳中持续进步，实现可持续跃升。

特别是在探讨省市区县域新质生产力的发展路径时，我们强调"因地制宜"的策略性考量，首要步骤在于精准自我定位，深入剖析各地的地理区位、自然资源禀赋等多元因素，细致区分其作为产业功能区、农产品主导区或生态保护区的角色定位，进而采用针对性、差异化的策略来促进新质生产力的生成与发展。这一过程要求我们不仅要全面审视地域特性，还需灵活设计符合当地实际的新质生产力推进和实施方案。同时，我们需精心规划各地区内生产要素的创新性配置策略，旨在通过优化产业结构与空间布局的双重路径，激发各地区新质生产力的内在活力与增长潜力。需要注意的是，这一规划过程应建立在广泛而深入的市场调研基础之上，包括对现有主导产业及行业产

---

[1] 毛泽东选集：第三卷 [M]. 北京：人民出版，1991：802.

品的供需态势、生命周期阶段进行系统性评估，通过科学的方法论，客观识别各地域经济的优势领域与潜在不足，进而有的放矢地弥补短板，将其转化为未来发展的增长极。在推动各地域产业结构和空间布局的转型升级过程中，我们必须紧密结合本地实际，遵循区域经济演进的一般规律与原则，深刻认识并妥善处理本地特色产业选择与构建现代化产业体系之间的内在逻辑与辩证关系。这不仅要求我们有前瞻性的战略眼光，还需具备扎实的实践操作能力，从而确保各地区经济的发展既符合时代潮流，又能充分发挥本地优势，实现可持续的繁荣与进步。

因地制宜发展新质生产力要坚持尊重新质生产力发展规律与发挥主观能动性相统一。任何事物的诞生与成长均历经阶段性变化，并受制于其固有的发展规律，这些规律作为超越人类意志的客观实在，要求我们必须秉持尊重和顺应规律的态度。针对新质生产力的培育与壮大，首要原则是遵循其内在的发展逻辑与规律。具体而言，首要任务是妥善平衡市场与政府间的互动关系，深刻认识到市场作为资源配置核心机制的决定性作用。新质生产力的跃升，广泛涵盖了劳动力、资本积累、土地资源、技术创新、管理效能、数据资源及信息流通等多维度生产要素的整合与优化。为充分激发这些生产要素的活力与潜力，关键在于激发各生产要素所有者的积极性与创造力，这必然要求市场机制在资源配置过程中扮演主导角色，确保资源能够高效、精准地流向最具创新活力与生产效率的领域，从而为新质生产力的蓬勃发展奠定坚实基础。

进言之，各类生产要素的定价机制应当遵循市场供需规律，不能依靠行政力量加以直接干预，确保初次分配阶段讲求效率，而在后续的再分配及三次分配环节中着重体现公平原则。习近平总书记强调，"要健全要素参与收入分配机制，激发劳动、知识、技术、管理、资本和数据等生产要素活力"[1]，

---

[1]　习近平 . 发展新质生产力是推动高质量发展的内在要求和重要着力点 [J]. 求是，2024(11).

进一步彰显知识、技术与人才在市场中的真实价值，营造一种既鼓励创新又包容失败的良好生态。与此同时，发挥政府"有形之手"作用，在新质生产力的形成中明确政府的角色定位显得尤为重要。一方面，政府应聚焦于市场难以自发供给的公共领域，如加强公共服务平台建设、深化基础科学研究、优化教育资源分配等，以弥补市场机制的不足；另一方面，则需致力于构建一个法制健全、市场开放、国际接轨的公平竞争环境，通过强化服务职能，精准施策，最大限度地降低企业运营中的交易成本，为市场主体营造更加稳定、透明、可预期的营商环境，从而激发市场活力，促进经济高质量发展。

因地制宜发展新质生产力要尊重科学技术发展及成果转化规律。在遵循科学技术进步及其成果转化内在逻辑的基础上，我们应深刻认识到基础研究与应用基础研究的基石作用。如果缺乏深厚且持久的基础与应用基础研究积淀，便难以孕育出重大的科学发现与技术革新，尤其是那些具有颠覆性影响的技术突破。因此，需要强化有组织科研的体系化优势与自由探索的灵活性，共同营造一种既激励创新又包容失败的科研文化环境。针对科技成果的有效转化，关键在于构建一套高效顺畅的转化体系，这要求我们加速实体与虚拟科技成果交易市场的完善步伐，积极引入风险投资机制，以资本力量催化未来产业的孕育与发展。同时，借助工业互联网的强大驱动力，整合产学研用金各方资源，创新性地建立问题征集、竞争解决与金融支撑三位一体的综合机制，确保科技成果能够迅速转化为现实生产力。进一步而言，围绕培育新质生产力的战略目标，我们应精心布局产业链，不仅要着眼于提升产业链与供应链的韧性与安全水平，更要确保整个产业体系实现自主可控与高度可靠性，从而构建稳固、高效且安全的产业生态，为经济社会的持续健康发展奠定坚实基础。

第八章　价值论

新质生产力是马克思主义生产力理论中国化时代化的理论成果，是习近平经济思想的重大创新。从马克思主义人学视域来看，人类生产力发展史归根结底是人的发展史，是人解放、创造和实现自身的历史。以科技革命为驱动力的新质生产力和人的发展存在着互动作用关系，是"人为的"和"为人的"实践活动进程，是中国共产党坚持以人民为中心发展思想在生产力领域的现实体现。新质生产力将人从自然生物性限制中解放出来，进入全新的数字化生存形态；构建数字劳动体系，塑造了多样化的劳动关系和劳动方式，创造了更多自由时间；催生全新的人际交往实践，不断拓展和丰富人的交往活动，强化了人的自由个性。中国式现代化在形成和发展新质生产力进程中，推动生产力发展与公有制相结合，坚持自立自强与开放共享相统筹，不断健全新型举国体制，实现了对资本主义生产力发展逻辑的现实超越，为人类文明新形态向前发展提供内生动力。

一、在引领高质量发展中坚持以人民为中心

新质生产力是创新起主导作用，摆脱传统经济增长方式、生产力发展路

径，具有高科技、高效能、高质量特征，符合新发展理念的先进生产力质态。它改变了传统生产力"依附自然""以物为本"的单向度性，其发展依靠充分发挥全体社会成员的积极性、主动性、创造性，科学合理配置构成生产力中人的因素与物的因素、实体形态要素与知识形态要素，并且发展成果由全体人民共享，生动彰显了马克思主义唯物史观的人民立场。新质生产力是以人民为中心的先进生产力，与以资本为中心的生产力有着本质的区别。只有坚持以人民为中心发展新质生产力，才能确保新质生产力在推进中国式现代化中发挥最大效能，为社会主义现代化强国建设提供有力支撑。

（一）以人民为中心是中国发展新质生产力的逻辑起点和价值旨归

西方通过对殖民地的血腥掠夺完成了资本的原始积累，继而开始了商业化进程，极大地促进了商品经济的发展，生产出了巨量的社会产品。同时，随着资本的发展壮大，商人的地位不断提高，资本家开始控制国家政权，于是在以攫取剩余价值为最大动力的资本主义私有制下，资本家对底层劳动人民的剥削和压榨以及由此导致的阶级分化和斗争日益严重。尤其伴随着科学技术的发展，异化现象也随之产生。从最初的机器异化到后来的科技异化，其创造初衷是减轻人的负担，让人脱身于机械的低级劳动，从事高级劳动，然而在资本主义社会下，广大劳动者成为转动着的机械系统的组成部分，人不表现为劳动的主人，而成为商品交换中的商品。人的劳动成果所形成的物反过来对人进行控制，使人失去了本来所具有的主体性和创造性。总之，在西方国家实现自身现代化的过程中，并不是以满足全体人民的需要为目的，这种现代化不可能成为全体人民的现代化。而我国始终"坚持把实现人民对美好生活的向往作为现代化建设的出发点和落脚点，着力维护和促进社会公平正义，着力促进全体人民共同富裕"，但共同富裕目标的实现必定是以生产力高度发达为基础。也就是说，中国要在人口规模巨大的前提下实现社会财富公平分配，减少贫富差距，让发展更加普惠，必须创造出同当前中国人口规模相适应的社会财富，以此保障亿万人口的更高需求，提高人民的生活质量和福利水平，使人民生活水平的提升同样在迈入现代化。

新质生产力概念的提出旨在推动生产力更好更快地发展，为实现全体人民共同富裕奠定基础。新质生产力的核心在于技术的突破性创新，这种创新不是单一技术的进步，而是一系列技术的集成和融合。它通过应用数据、人工智能等技术手段，推动要素的重新配置，实现更高效的资源利用和更优化的生产流程；借助数字化技术，推动实体经济的数字化转型和升级，实现生产方式、管理模式和服务模式的创新和变革，创造经济效益，不断满足人们的物质需求。同时，注重人们精神世界的提升，不断加强文化建设、文化创新与社会思潮引导，致力于实现物质文明和精神文明的协调发展。像 4D 全息投影显像、5G 虚拟世界、量子力学等科技文旅创新，让游客站在未来社会回望历史和现在，顿悟社会发展规律、社会主义建设规律和共产党执政规律。简言之，新理念引领新实践，新质生产力通过采用先进的生产技术和管理手段，既能提高生产效率，创造社会财富，实现人民群众的共同富裕，又能提升公共服务水平，满足人民群众的现实需要，推动人民群众生活幸福的最大化。

从社会主要矛盾的转化中可发现，人们对"美好生活"的向往就是现代人的现实需要。因此，把握了"美好生活"的内涵就是把握了人的现实需要，进而把握了新质生产力的发展方向。人，本质上就是文化的人，而不是"物化"的人；是能动的、全面的人，而不是僵化的、"单向度"的人。现代人的现实需要不仅有物质层面上对积累物质财富的物欲，也有精神层面上对自身主观心理体验的情感需求。如马克思所说，随着新生产力的获得，人们改变自己的生产方式，随着生产方式即谋生的方式的改变，人们也就会改变自己的一切社会关系。因此相较于传统生产力而言，新质生产力内在涵盖着并统一着结构与功能、现象与本质、可能与现实、思维和存在等矛盾关系。新质生产力鲜明生动地体现了裹挟着人的现实需要的社会生产关系与生产力的交互作用。"新质生产力"概念的提出与倡导，是坚持以新时代我国新发展阶段的新思想观照时代和现实。因而，一方面具有鲜明的现实性、历史性和创新性，同时体现了深层次的整体性和综合性属性。另一方面，"新质生产力"也更体现了现代人对主体意识、实践理性和更高价值的追求。新质生产力的发展问题是与"现实的人"紧密相关的问题，因此这一问题离不开对"人的现实需要"的思考。

明确了人的现实需要，作为社会主体的人便得以找到生存与发展的道路；明确了人的现实需要，人的自然属性和社会属性便更好地实现互通促进；明确了人的现实需要，社会实践活动便不断地获得了新的发展生机。因此，要"因地制宜发展新质生产力"，全国各地要结合具体实际来推进生产力的变革，同时也揭示了新质生产力的发展是多元性的、综合性的、整体性的。因此，新质生产力的发展务必要满足现当代人的获得感、幸福感和安全感等多维切实需要。只有这样，新质生产力的发展才能向"新"而行、向"实"发力，以此保障自身先进生产力质态。

（二）人民共享改革发展成果是以人民为中心的发展思想的应有之义

人民性是马克思主义的本质属性。马克思、恩格斯在《共产党宣言》中指出，过去的一切运动都是少数人的，或者为少数人谋利益的运动。无产阶级的运动是绝大多数人的，为绝大多数人谋利益的独立的运动。始终同人民在一起，为人民利益而奋斗，是马克思主义政党同其他政党的根本区别。为中国人民谋幸福、为中华民族谋复兴，是中国共产党人的初心和使命，也是改革开放的初心和使命。

习近平总书记指出，为了人民而改革，改革才有意义。我们党抓改革、促发展，归根到底就是为了让人民过上更好的日子。党的十八大以来，以习近平同志为核心的党中央深入贯彻以人民为中心的发展思想，抓住人民最关心最直接最现实的利益问题推进改革，在幼有所育、学有所教、劳有所得、病有所医、老有所养、住有所居、弱有所扶上持续用力。比如，大力推进户籍制度改革，促进有能力在城镇稳定就业和生活的常住人口有序实现市民化，稳步推进城镇基本公共服务常住人口全覆盖；建成世界上规模最大的教育体系、社会保障体系、医疗卫生体系，教育普及水平实现历史性跨越。一系列改革举措让人民群众获得感、幸福感、安全感更加充实、更有保障、更可持续。

时代在发展，人民群众的需求也在不断变化。面对人民群众新期待，必须继续把改革推向前进，也必然要求做到改革为了人民。习近平总书记指出，如果不能给老百姓带来实实在在的利益，如果不能创造更加公平的社会环境，甚至导致更多不公平，改革就失去意义，也不可能持续。以新质生产力进一步推动全面深化改革，必须把牢价值取向，坚持人民至上，从人民整体利益、根本利益、长远利益出发谋划和推进改革。只有坚持人民至上，从人民利益出发谋划改革思路、制定改革举措，把握和处理好涉及改革的重大问题，才能不断实现人民对美好生活的向往，这样的改革才有意义。

做到改革为了人民，必须深入了解人民群众需求，解决人民群众面临的实际问题，提升人民群众生活水平。为此，要深入调研，广泛听取各方面意见，了解人民群众在就业、教育、医疗、托育、住房、养老等方面的需求。要注重从老百姓急难愁盼中找准改革的发力点和突破口，多推出一些民生所急、民心所向的改革举措，多办一些惠民生、暖民心、顺民意的实事。同时，把是否促进经济社会发展、是否给人民群众带来实实在在的获得感作为改革成效的评价标准，不断改进和完善各项政策措施。随着中国式现代化不断推进和拓展，人民对美好生活的向往也更加强烈。习近平总书记指出，我们党推进全面深化改革的根本目的，就是要促进社会公平正义，让改革发展成果更多更公平惠及全体人民。从人民的整体利益、根本利益、长远利益出发，拿出更多改革创新举措，把就业、教育、医疗、社保、住房、养老、食品安全、生态环境、社会治安等问题一个一个解决好，才能让改革发展成果更多更公平惠及全体人民。在发展中保障和改善民生是中国式现代化的重大任务，要坚持尽力而为、量力而行，不断满足人民对美好生活的向往。

坚持尽力而为，以促进社会公平正义、增进人民福祉为出发点和落脚点。党的二十届三中全会就完善收入分配制度、完善就业优先政策、健全社会保障体系、深化医药卫生体制改革、健全人口发展支持和服务体系等提出一系列重大改革举措。这些举措的落地见效，必将不断造福人民。贯彻落实党的二十届三中全会精神，要完善收入分配制度，规范收入分配秩序；优化创业促进就业政策环境，支持和规范发展新就业形态；健全灵活就业人员、农民工、新就业形态人员社保制度，全面取消在就业地参保户籍限制；加大保障性住房建设和供给，满足工薪群体刚性住房需求；深化医药卫生体制改革，实施健康优先发展战略；健全人口发展支持和服务体系，完善生育支持政策体系和激励机制，完善发展养老事业和养老产业政策机制，按照自愿、弹性原则稳妥有序推进渐进式延迟法定退休年龄改革；等等。要坚持"致广大而尽精微"，把各项改革工作做扎实、做到位。

坚持量力而行，在发展中保障和改善民生。习近平总书记指出，要统筹需要和可能，把保障和改善民生建立在经济发展和财力可持续的基础之上，不要好高骛远，吊高胃口，作兑现不了的承诺。量力而行，强调的是必须一切从实际出发，充分考虑特定发展阶段的现实条件。要正确认识和处理好发展与保障和改善民生的关系，既要通过保障和改善民生来带动发展，又要根据发展水平确定民生的保障和改善程度。为此，要强化问题导向，从现实条件下可以做到的事情做起，紧盯老百姓在社会保障方面反映强烈的烦心事、操心事、揪心事不断推进改革，集中精力加强普惠性、基础性、兜底性民生建设，以钉钉子精神，一件事情接着一件事情办、一年接着一年干，锲而不舍推进民生保障事业持续发展。

（三）发展新质生产力是满足人民美好生活需要的时代选择

人是人类社会的主体，生产力演进的终极目标是推动人的自由全面发展。作为生产力的最新形态，新质生产力功能在于实现更具质量的发展，强调发展的质量导向，而衡量质量的关键标准在于是否满足人民群众对美好生活的需求。随着经济社会的发展，人民美好生活需要的内涵与外延日趋丰富，涵盖物质文明层面、精神文明层面、生态文明层面、个体价值实现层面、社会治理参与层面等。因此，新质生产力的质量导向必然内含人本属性，关注的是绝大多数人，而不是少部分人，强调的是生产力的内在质量和以人为本的发展理念，这不仅仅体现在物质资源和技术能力的提升上，更体现在人的全面发展、创造性以及生产过程中的人文关怀和社会责任上。

在马克思看来，生产力的发展从根本上关系到人类社会的物质生活问题，"物质生活"的问题最终只能通过"物质生产"来解决。过去，机器大工业使社会物质产品急剧增长，满足了人类对基本生活资料的需要。如今，中国物资短缺的时代早已远去，社会主要矛盾已经转化为人民日益增长的美好生活需要和不平衡不充分的发展之间的矛盾。作为生产力的新形态，新质生产力以满足人民群众对美好生活的需要为发展导向，通过发展新质生产力满足人民群众在物质文明、精神文明、政治文明、社会文明、生态文明以及个体价值实现等方面的美好诉求。

在物质文明层面，加快形成和发展新质生产力，提高科技创新水平，有助于推动产业转型升级，形成优质高效多样化的供给体系满足人们对物质生活的更高要求。在政治文明层面，完善推动新质生产力发展的社会制度，发展全过程人民民主，保障人民当家作主权利，满足人民群众对于公平正义的要求。在精神文明层面，加大文化领域新质生产力的培育，不断推动文化数字产业高质量发展，可以满足人们对更高层次、更加多元文化产品的需要。在社会文明层面，坚持在发展中保障和改善民生，调动全体人民的积极性、主动性、创新性，满足人民群众对于民生保障的需要。在生态文明层面，新质生产力本身就是绿色生产力，通过推动发展方式绿色低碳转型，提升生态文明建设水平，能够满足人民日益增长的优美生态环境需要。在个体价值实现层面，一方面，新质生产力的发展推动经济提质增效的同时极大地缩减了必要劳动时间，人们拥有更多闲暇时间使自己的能力、个性、需要和社会关系得到自由而全面的发展，使自身生命价值得到充分体现；另一方面，人通过劳动将自身的本质力量对象化的同时也在不断提升自身能力，外部自然力被同化于人的体力、自然规律被同化为人的智力，人的发展需要得到满足。

进入新时代，我国社会主要矛盾转化为人民日益增长的美好生活需要和不平衡不充分的发展之间的矛盾，人民对美好生活的向往更加强烈，期盼有更好的教育、更稳定的工作、更满意的收入、更可靠的社会保障、更高水平的医疗卫生服务、更舒适的居住条件、更优美的环境、更丰富的精神文化生活。加快发展新质生产力，能为满足人民对美好生活的需要提供丰裕的物质条件。

一方面，发展新质生产力有助于更好满足人民群众数字智能化日常生活的需要。新质生产力代表生产力的跃升，主要体现在数字化、智能化。数字化提升生产力，智能化增添发展动能。新质生产力推动了智能化和自动化的发展，使得许多传统行业得以转型升级，提高了生产效率和质量。例如，智能制造、智慧农业、智能家居等领域的快速发展，使人民群众的生活更加便捷、舒适和高效。新质生产力也催生了新业态和新经济，促进了数字化和信息化的发展，加强了人与人之间的沟通和联系。例如，社交媒体、在线办公、在线教育、远程医疗、数字零售等领域的普及，使得人们可以更加便捷地获取信息、交流思想和解决问题，同时也使得人们的生活更加多元化和个性化。总之，加快发展新质生产力，有助于人们对高品质生活的追求与智能化、网络化、数字化产品紧密联系起来，更好满足人民群众数字智能化日常生活的需要。

另一方面，发展新质生产力有助于更好满足人民群众绿色低碳生活的需要。绿色发展是高质量发展的底色，新质生产力本身就是绿色生产力。新质生产力是一种先进的生产力质态，它摒弃了损害、破坏生态环境的发展模式，以创新驱动推进经济、产业、能源结构绿色低碳转型升级，从而形成绿色生产力。发展新质生产力，以绿色发展为底色将高质量发展贯穿于新型工业化全过程，改革传统粗放式经济增长发展模式，通过先进的技术改造和设备升级，实现生产过程清洁化、资源利用循环化、能源消费低碳化、产品供给绿色化、产业结构高端化，持续提升工业绿色全要素生产率，有助于协同实现生产力发展与自然环境的保护，真正走向人与自然和谐共生，更好满足人民群众对绿色低碳生活的需要。

新质生产力的发展是实现经济社会可持续发展、创造更高质量和更多数量的物质和精神财富的关键动力，对于满足人民群众对美好生活的需要具有决定性作用，能够推动当前中国社会主要矛盾的解决。新质生产力以其高效性和节能性响应了公众对环保和可持续生活方式的渴望。智能制造在极大程度上减少了资源浪费，优化了能源配置水平，降低了碳排放的数量，符合新发展理念当中的绿色发展理念。同时，通过智能化技术，消费者可以获得更为个性化和多样化的商品和服务，满足他们对高品质生活的追求。其次，信息化和网络化改变了人们获取信息和交流沟通的方式，使人们的生活更加便捷和丰富多彩。由此可见，新质生产力的发展既推动了生产方式的革新，又满足了人民群众对美好生活的物质和精神需求，是构建人类美好未来社会不可或缺的重要力量。

二、在推动中国式现代化中实现人的现代化

满足人民对美好生活的需要是中国式现代化发展新质生产力的根本目的。在中国式现代化视域下，新质生产力的出现不是与人的发展毫不相关的活动，而是以人为目的的实践进程。中国式现代化新质生产力是"人为的"和"为人的"实践活动进程，人民是这一历史进程的逻辑起点。中国共产党在百余年历史中继承和发展了马克思主义生产力理论，始终把现实的人作为发展生产力的立足点，把生产力作为现实的人追求自我解放的现实手段，发展了具有深厚人民情怀的中国化时代化马克思主义生产力理论。中国式现代化与资本主义现代化通过劳动者、劳动资料、劳动对象及其优化组合来推进生产力发展的过程具有类似性，但社会主义和资本主义生产关系的差异决定了两者生产力发展的根本性差别。资本主义生产资料私有制条件下的生产力以满足资本增值为目的，造成了人的发展悖论。与之相比，新质生产力在中国式现代化进程中以满足人民需要为目的，采用了新型举国体制，秉持了人民至上的发展逻辑，推动与世界各民族开放共享发展成果，实现了对资本主义生产力发展逻辑的现实超越，有力地推进了人的发展。

（一）新质生产力为实现人的现代化创造新机遇新条件

党的二十届三中全会强调全国上下须加快形成同新质生产力更相适应的生产关系，促进各类先进生产要素向发展新质生产力集聚，大幅提升全要素生产率。发展新质生产力是推进和拓展中国式现代化高质量发展的大方向，以新质生产力赋能中国式现代化，是适应我国社会主要矛盾变化背景下通过中国式现代化实现中华民族伟大复兴的大逻辑，也是中国式现代化超越西方现代化创造人类文明新形态的大趋势。现代化为生产力的解放创造社会条件。

解放生产力就是要让生产力摆脱束缚，从而更好地发挥其物质基础作用，就是要为其搭建稳定的发展环境、创造良好的社会条件。现代化既是社会的现代化，也是人的现代化。生产力的历史性变革极大促成了人类产业技术革命的兴盛，人类社会的现代化也就实现了从农耕文明进入工业文明的壮举。自工业革命肇始，人类从"蒸汽时代"进入"电气时代"，从"信息时代"进入"数字时代"，纵观上述变迁，可以发现正是生产力的发展构筑了人类不同时代演进与激变的根基，而生产力本身也在不同时代人类追求现代化的进程中得到不断解放与革新。

人类社会的发展可以理解为"生产力推动现代化、现代化解放生产力"的双向运动过程。失去生产力，现代化沦为无源之水、无本之木，离开现代化则生产力难以实现飞跃。生产力与现代化是任何制度下人类社会都无法避免的一对矛盾，如果我们能够科学、系统地处理好二者的关系，就能在建设社会主义现代化国家的伟大征程中掌握关键主动。在此基础上进一步探究新质生产力与中国式现代化的辩证关系，必须结合我国当前经济社会高质量发展的首要任务，基于中国式现代化的共性与个性，对生产力与现代化这对矛盾做出具有中国特色的新时代解读，明晰以新质生产力推进中国式现代化建设的未来走向。

现代化不能只见物质不见人。党的二十大报告全面阐述中国式现代化的中国特色和本质要求，强调"中国式现代化是物质文明和精神文明相协调的现代化"[1]，提出促进物的全面丰富和人的全面发展。这实质上是对促进人的现代化的明确要求。关于人的现代化，马克思主义经典作家在关于未来社会的设想中就有明确的论述。中国式现代化的历史和实践进程进一步拓展和创

---

[1] 习近平.高举中国特色社会主义伟大旗帜 为全面建设社会主义现代化国家而团结奋斗——在中国共产党第二十次全国代表大会上的报告[N].人民日报，2022-10-26(1).

新了马克思主义关于人的现代化的理论。中国式现代化所要促进的人的现代化，包括人的生活品质、人的精神文明程度和人的全面发展三个维度。中国式现代化则从中国的实际出发，避免资本主义现代化的弊端，把人的现代化放在核心位置，强调物的全面丰富和人的全面发展，指出物质文明和精神文明相协调是中国式现代化的鲜明特色之一，提出物质贫困不是社会主义，精神贫乏也不是社会主义。充分发挥文化对人的塑造功能，以先进文化引领人的现代化进程。加强理想信念教育，用社会主义核心价值观铸魂育人，不断提高人民道德水准和文明素养，用高质量的公共文化服务和文化产品满足人民群众的精神文化需求，丰富人民的精神世界。人是实现现代化的主体，人创造着现代化的社会；同时，人又是社会锻造和塑造的客体。人的现代化有赖于社会现代化，现代化的社会创造着现代化的人。在人与社会的关系中，人是唯一能动的因素。社会创造现代化的人是通过人创造现代化的社会而实现的，正是人在实现社会现代化的实践中锻造自己的现代化素质。人塑造着现代化的社会，也塑造着现代化的自我，因而，社会创造现代化的人，归根到底是人对自我现代化的能动创造，是自我创造自身的现代化。人的现代化是现代化建设的核心内容和本质表现，是国家治理现代化的价值和目标。社会绝大多数成员实现现代化是社会现代化的先决条件和重要基础，也是社会现代化的客观标志。

中国式现代化坚持以人为本，是以人民为中心的现代化，体现人民至上的价值理念。着眼新时代我国社会主要矛盾，中国式现代化要满足人民群众日益增长的美好生活需要，党的二十大报告用专门篇章阐述"增进民生福祉，提高人民生活品质"。生活品质现代化景象是幼有所育、学有所教、劳有所得、病有所医、老有所养、住有所居、弱有所扶，建成世界上规模最大的教育体系、社会保障体系、医疗卫生体系，人民群众获得感、幸福感、安全感更加充实、更有保障、更可持续。人民生活由小康到现代化的转变是由量到质的转变，也就是人的生活品质的现代化。

人的全面发展是马克思设想的未来生活的特征。马克思明确指出，未来社会的一个重要特征是人的自由而全面的发展。马克思设想的未来社会的人，不仅是自由人，还是全面发展的人。基于技术进步所导致的分工、技能的革命性变化，劳动者必须成为全面发展的人，才能够胜任由技术基础变革所导致的分工职能的不断革命。进入新时代，现代产业的基础更是革命性的，尤其是数字经济条件下，数字技术不仅排斥简单劳动，而且排斥技能劳动，不仅替代某个就业岗位，甚至替代某个就业行业。在此背景下，分工职能的变动，劳动者的流动性更为全面频繁。在此背景下，人的全面发展在现代化进程中显得更为紧迫和重要。

（二）发展新质生产力努力提高人民生活品质

进入新时代，我国社会主要矛盾转化为人民日益增长的美好生活需要和不平衡不充分的发展之间的矛盾，人民对美好生活的向往更加强烈，期盼有更好的教育、更稳定的工作、更满意的收入、更可靠的社会保障、更高水平的医疗卫生服务、更舒适的居住条件、更优美的环境、更丰富的精神文化生活。加快发展新质生产力，能为满足人民对美好生活的需要提供丰裕的物质条件。

一方面，发展新质生产力有助于更好满足人民群众数字智能化日常生活的需要。新质生产力代表生产力的跃升，主要体现在数字化、智能化。数字化提升生产力，智能化增添发展动能。新质生产力推动了智能化和自动化的发展，使得许多传统行业得以转型升级，提高了生产效率和质量。例如，智能制造、智慧农业、智能家居等领域的快速发展，使人民群众的生活更加便捷、舒适和高效。新质生产力也催生了新业态和新经济，促进了数字化和信息化的发展，加强了人与人之间的沟通和联系。例如，社交媒体、在线办公、在线教育、远程医疗、数字零售等领域的普及，使得人们可以更加便捷地获取信息、交流思想和解决问题，同时也使得人们的生活更加多元化和个性化。总之，加快发展新质生产力，有助于人们对高品质生活的追求与智能化、网络化、数字化产品紧密联系起来，更好满足人民群众数字智能化日常生活的需要。

另一方面，发展新质生产力有助于更好满足人民群众绿色低碳生活的需要。绿色发展是高质量发展的底色，新质生产力本身就是绿色生产力。新质生产力是一种先进的生产力质态，它摒弃了损害、破坏生态环境的发展模式，以创新驱动推进经济、产业、能源结构绿色低碳转型升级，从而形成绿色生产力。发展新质生产力，以绿色发展为底色将高质量发展贯穿于新型工业化全过程，改革传统粗放式经济增长发展模式，通过先进的技术改造和设备升级，实现生产过程清洁化、资源利用循环化、能源消费低碳化、产品供给绿色化、产业结构高端化，持续提升工业绿色全要素生产率，有助于协同实现生产力发展与自然环境的保护，真正走向人与自然和谐共生，更好满足人民群众对绿色低碳生活的需要。

加快发展新质生产力，将新质生产力的创新成果服务于人民生活水平和公共服务水平的提升，有助于人们对高品质生活的追求与智能化、网络化、数字化产品紧密联系起来，更好满足人民群众数字智能化日常生活的需要。积极探索数字经济与人的全面发展相协调的高质量发展模式，推动在线教育、远程医疗、虚拟现实等新型服务消费，消除新型数字基础设施的共享"鸿沟"，打破信息不对称，提升社会整体和谐发展水平和民生福祉。新质生产力与绿色低碳、循环利用、可持续生产和生活方式紧密相连，真正实现人与自然和谐共生。一方面，打造经济生态融合发展模式。以经济与生态的相互促进和融合，推广绿色生产方式，促进产业升级和转型，按照减量化、再利用、资源化的原则，大力推进循环经济等绿色新经济模式，革新以制造业为代表的产业工艺与基础设施，鼓励企业自主研发，加快实现绿色低碳技术的重大突破与融合应用。

按照党的二十大的战略部署，到2035年，中国将基本实现社会主义现代化，达成现代化第一个阶段的战略目标。再经过全党和全国人民的持续奋斗和不懈努力，从2035年到本世纪中叶，完成第二个阶段的战略目标，把中国建成富强民主文明和谐美丽的社会主义现代化强国。这其中体现了两条主线，一是建成现代化产业体系，二是实现民生高质量发展。第一条主线最终也是为第二条主线服务的。发展新质生产力，就是要为老百姓生活品质的不断提升做好服务。新质生产力的创新性特征使其能够带来更高效、更便捷的生产方式，从而提高生产效率，降低生产成本。这种效率的提升不仅为企业创造了更多的价值，也为消费者带来了更低的价格和更好的产品与服务。因此，老百姓可以享受到更优质的物质生活和精神生活，生活水平和生活品质都得到实质性提高。

新质生产力的发展往往催生新的产业和岗位，为老百姓提供更多的职业发展机会，这些新的就业机会不仅有助于实现自我价值，还能让更多的人参与到社会经济的发展中来，共享发展成果。同时，新质生产力也会促进传统产业的转型升级，进一步加大劳动力知识更新的培训力度，为传统产业的从业者提供更多的发展机会和更广阔的职业发展空间。新质生产力的引领性使其能够推动产业结构调整，推进经济发展方式转变，进而促进社会的全面进步。这种进步不仅体现在经济层面，也体现在社会文明程度的提升和老百姓生活环境的改善上。例如，随着新质生产力的发展，精神文化产品能够得到更好的开发，城市生态环境能够得到更好的改善，公共交通系统得到进一步优化，社区健身设施更加普及等，这些都是老百姓生活品质提升的具体体现。新质生产力强调多领域、多技术的交叉融合，这种融合不仅会推动科技进步，也会促进社会各个领域的协同发展，从而使得老百姓能够享受到更高水平的生活和服务，例如更加便捷的医疗、教育、文化等公共服务，更加高效、精准的救助行动等，让老百姓的生活更加优质、便捷、舒适。

（三）发展新质生产力提高人的精神文明程度

发展新质生产力可以促进中国式现代化的内涵丰富和形式创新。新质生产力不仅推动以生产效率为核心的物质文明的发展，还蕴含着以劳动者能力素质为核心的精神文明的提升。在中国式现代化的实践中，我们在发展物质生产力的基础上，也在不断解放文化生产力：不断推进"两个结合"，传承弘扬中华优秀传统文化，吸收借鉴世界优秀文明成果，努力建设中华民族现代文明。新质生产力的发展可以为中国式现代化提供更加丰富的文明内涵、更加多样的文化形式。党的二十大报告指出，物质富足、精神富有是社会主义现代化的根本要求。物质贫困不是社会主义，精神贫乏也不是社会主义。中国式现代化注重物质文明和精神文明一起抓、相协调，反映社会主义现代化的特征。提升人的精神文明程度是人的现代化的重要方面。人的精神文明程度的提升，即人的思想素质、观念和思维的现代化。

首先是解决人的价值观问题。在社会主义现代化中所要促进的人的现代化，就是要以社会主义核心价值观为引领，用社会主义核心价值观铸魂育人。要建设具有强大凝聚力和引领力的社会主义意识形态，巩固和壮大奋进新时代的主流思想舆论。要提高人民道德水准和文明素养，在全社会弘扬劳动精神、奋斗精神、奉献精神、创造精神、勤俭节约精神。其次是促进人的观念达到现代水准，适应和推动现代技术和现代化社会发展。现代人是具有现代知识、现代观念、现代思维方式和现代行为方式的人。观念现代化是指人的心理态度和价值观念从传统向现代的转化。要冲破传统思想观念的障碍，由故步自封、不思进取的观念转向勇于改革创新的观念，突破在低收入发展阶段的发展理念。例如，改变过去的单纯追求高速度的增长观念转向高质量发展；从掠夺自然资源、支配自然的观念转向保护自然与自然和谐共处的现代化观念。最后是发展社会主义先进文化。中国式现代化不只是表现在经济上进入世界强国之列，还表现在建成文化强国。文化方面的现代化不完全是追赶发达国家，更不是文化的西化，要体现文化自信。社会主义先进文化重要的是价值观的先进性。我国有五千多年的文化底蕴和积淀，有条件在保持传统文化优势的基础上，高起点发展体现时代和科技特征的社会主义现代文化，推动中华优秀传统文化创造性转化、创新性发展。这就是要发展面向现代化、面向世界、面向未来的，民族的科学的大众的社会主义文化。

文化的作用在以文化人。在中国式现代化进程中，上述三个方面的精神文明建设表现为对各个市场主体经济行为的引导。主要落实在两个方面：一是企业家文化；二是公民道德。企业文化是企业家道德观、价值观的体现。企业活动所要实现的价值不仅是物质的价值，还要实现企业的文化价值。成功的企业是靠现代价值观引领发展起来的。为了实现社会的利益，企业应遵守社会共同的道德标准，克服市场运行中各种机会主义的搭便车和违约行为。公民道德是人的现代化之本。从社会资本角度所要求的道德规范，不只是个别人的洁身自好，而是要求整个社会的道德规范。在一个相互信任的社会中，社会资本是最雄厚的。在这种互惠性的社会关系网络中，实施合同、规范和维持市场秩序，从而推进现代化的成本是最低的。基于文化在现代化中的功能，需要增加文化供给，满足人民群众日益增长的精神生活需要。其中包括群众参与并享用的文化设施的现代化，健全现代公共文化服务体系。满足各种文化消费层次需求的各级各类作品丰富多彩，坚持以人民为中心的创作导向，推出更多增强人民精神力量的优秀作品，从而形成消费者对自己的文化的认同和自信。

广大人民群众要始终坚持以习近平新时代中国特色社会主义思想为指导，坚定不移听党话、跟党走，做中国特色社会主义的坚定信仰者、忠实实践者。要深入学习贯彻习近平总书记关于新质生产力的重要论述，深刻领悟习近平总书记关于新质生产力的重要论述,是对马克思主义生产力理论的创新和发展;深刻领悟"两个确立"的决定性意义,增强"四个意识"、坚定"四个自信"、做到"两个维护"。劳动者在实现现代化中,要把人民对美好生活的向往作为奋斗目标,专注于自己的工作,不断提高工作质量和效率,在发展新质生产力的过程中突破重重阻碍。新质生产力要求劳动者解决关键性技术难题,提高全要素生产率,助力高质量发展。劳动者要密切关注前沿产业与知识,精益求精,不断超越自我;同时,要树立"劳动最光荣"的理念,营造崇尚劳模、争创一流的劳动氛围,提高专业素养、提升工作热情,努力提升自身精神文明素养和水平。

三、在实现民族复兴中实现人的全面发展

发展新质生产力对实现人的现代化具有根本推动作用。生产力在本质上就是人类改造世界的现实力量,人本身的能力素质尤其是创新能力的发展就是最大的生产力。习近平总书记指出,现代化的本质是人的现代化。推进中国式现代化的落脚点,在于人的现代化与自由全面发展。只有人民群众的主体性和创造力才是发展新质生产力的根基。发展新质生产力的一个关键方面,在于提升劳动者的科技水平,推动劳动者自身能力素质与物质生产力一体化发展。从社会发展趋势来看,发展新质生产力从根本上有助于形成普遍的社会物质变换、全面的关系、多方面的需要以及全面的能力的体系,有助于人的社会性潜能趋向创造性、全面化和个性化,从而推动人的自由全面发展。新质生产力的发展是有着自身规律的历史进程,它不仅反映了客观事物的自然属性,同时直接关系到人类社会和人自身的发展。新质生产力在改变生产方式和生产关系的同时,推动了人的生存变革、劳动变革和交往变革,为人的全面发展创造了更有利的条件。

（一）新质生产力推进人的生存变革

习近平总书记强调："现代化的最终目标是实现人自由而全面的发展。"[1]中国式现代化开辟了人类文明新形态，这意味着社会生产力在现代化进程中实现了从旧质到新质的跃升。新质生产力是契合中国式现代化的生产力，它是包含着深刻人学诉求的命题，而不是单纯的经济命题。习近平总书记关于新质生产力的重要论述建构在历史唯物主义和辩证唯物主义的基础之上，其哲学底蕴是生产力发展与人的发展的历史性辩证统一，因而人的发展是新质生产力的题中之义，中国式现代化已经将人本维度建构于新质生产力之中。将新质生产力置于马克思主义人学视域来加以考察，对新质生产力与人的发展关系进行分析，意在揭示中国式现代化的新质生产力不是脱离人的发展而片面强调生产力的发展，也不是脱离生产力发展而空谈人的抽象发展，而是在现代化进程中追求生产力发展与人的发展的内在统一，是对资本主义生产力的现实超越。

人的生存方式是一个历史性概念，不同生产力发展阶段对人的生存的作用不同，而每一时代总有某种最基本、最重要的生产力因素在决定着人的生存方式。"个人怎样表现自己的生命，他们自己就是怎样。"[2]前现代社会，人主要是依赖于直接从自然界获取的各类自然物质资源而生存，在传统生产力的限制下，人通过工具的创造和使用来完成与自然之间的能量交换，将自然变为人的无机身体，自然物是人类生存的主要依赖对象，人的主要生存方式是自然生存。但是作为超越性存在的人并不满足于直接呈现出来的现实自

---

[1] 习近平.携手同行现代化之路——在中国共产党与世界政党高层对话会上的主旨讲话 [M].北京：人民出版社，2023：2.

[2] 马克思恩格斯文集：第一卷 [M].北京：人民出版社，2009：502.

然，而是不断追寻新的生产力来突破现实自然对人的限制。生产力发展的一个突出特点就是人作用于自然界的方法和装置越来越先进，即生产力推进了现代化科技的跃升。这些发达的科技既反映了客观事物的自然属性，又映射出人的本质力量，在一定意义上是人的生物性器官的一种延长，是主体在实践活动中对自身生物性力量限制的突破。以蒸汽机为代表的第一次机器革命让人实现了对肌肉力量的克服和延展，是对人的生物性体能限制的全面解放，而以计算机为代表的第二次机器革命则实现了对于大脑的理解和重塑，是对人的生物性智能限制的全面解放。生产力的不断发展极大地拓展了人的认知和实践能力，特别是让个体在很大程度上摆脱了时空的限制，将人类世界中的各种可能不断转变为现实，将人从自然生存带入技术生存状态。自然生存状态下的人通常只能够重复上一代的生命活动，在自然生命周期内不会出现量的跃升或者质的变化，而技术生存则突破了这种生物性规定，将生产力带来的新思维和新实践等迅速加诸人身上，极大增强了人的主体性，让人在有限的时间限度内获得了更多的发展可能。

新质生产力引发人对自身存在方式的全新体验，成为连接人的"潜在性"与"现实性"的中介，推动人的技术生存进入新的形态。作为新质生产力的重要代表，数字技术对人的生产方式和生活方式产生了深远影响。数字生存成为人的技术生存的最新形态，数字空间已经发展成为人类的第二现实世界，而数字人则成为生物人的虚拟实体。朴素唯物主义的世界观正在遭受信息技术造就的"比特"宇宙观挑战，由比特生成的虚拟世界是人对于客观实在的一种抽象化表达。虚拟世界的比特运动可以做到马克思博士论文中所说的追求偏斜运动，主体的自由表达、游戏和交往推进了个体的社会化和社会的个性化。在新质生产力的推动下，人借助于观念符号来创造出虚拟世界，让主体在非现实时空中获得全新的生存体验，借助于数字符号的控制来构建更加丰富的自我角色和对象化世界，通过与其他个体的交互来更加自由地表达自我。虚拟世界的活动方式反过来又会影响到现实的人的认知和实践，虚拟世界和现实世界、数字人和生物人的交互所表征的恰恰是人的发展中无限性与有限性的统一问题。新质生产力的出现不是简单的技术革命，而是关于人的存在与发展的一场社会革命，它直接关系到"人是什么""人能做什么"等重大命题，甚至对人本身进行新的定义。AI技术理论专家库兹韦尔就认为人工智能会出现一个奇点，而超级人工智能的出现意味着人将彻底超越身体和大脑带来的局限性。新质生产力的发展进一步将人从生物性限制中解放出来，进入一种全新的数字生存状态，这一历史进程是在物性世界与意义世界的交织中出现的，引发了对于人的本质的全新思考，并为人迈入更高形态的生存方式提供了现实前提。

（二）新质生产力推进人的劳动变革

人是生产力中最活跃的因素，也是最具有决定性的力量。"主要生产力，即人本身"是马克思主义理论中的经典观点之一。"劳动者"作为社会生产力发展的本质力量，它与生产力"三要素"中的余下两要素的最鲜明的不同在于，劳动者具有主动性、能动性和创造性，因而在推动社会生产力进步中占有核心地位和作用。"科学技术"与"创新"是新质生产力的两大标签，而科学技术的应用离不开与生产者和生产工具的紧密结合，科学技术在表现劳动者本质力量的统一又塑造着劳动者自身，应用与创新无时无刻不贯穿于其中。

新质生产力需要突破传统经济增长模式、改变传统生产力发展路径，在原创性和颠覆性科学技术的加持下，发生一系列要素的优化和变革，以此实现经济发展动力的时代变革。因此，科学技术的优化背后承载的更是劳动者群体自身智慧与技能的改进和优化。劳动者的知识体系结构、实践技能水平、应用创新能力等都直接影响着社会生产力的发展水平。除此之外，在当今发展环境竞争激烈的世界视野之中，拥有真善美价值追求、强烈的时代使命感和民族荣誉感的人才更为可贵，他们所具有的综合能力和真挚淳朴性情使其能够呼应跨学科跨领域先进生产力发展的重要需求，在推进发展新质生产力的过程中发挥着决定性的作用。这就是马克思所说的生产活动中的生产者也改变着，炼出新的品质，通过生产而发展和改造着自身，造成新的力量和新的观念，造成新的交往方式，新的需要和新的语言。正如此，我们才说推动高质量发展，人才是第一资源，创新驱动的本质就是人才驱动。发展新质生产力，起决定因素的是人，归根到底还是要靠人才，越多越好，本事越大越好。

新质生产力的发展是一个长期而复杂的过程，是久久为功的长线任务。戒骄戒躁，实事求是，在此之上守正创新、解放思想，在新格局新视野新发展理念中稳中求进是我们发展新质生产力应有的科学态度。而劳动者作为历史的创造者、民族的奋斗者和时代的变革者，还需积极适应由新质生产力带来的全新的生产关系，以崭新面貌和饱满情绪推进中国式现代化建设，为巩固和完善社会经济发展贡献主体力量。

劳动者是生产力系统中最活跃、最能动、最具革命性的因素，能够在很大程度上控制和决定劳动过程，包括对劳动资料的运用与开发、劳动对象的发掘与利用、生产计划的制定与执行等，在激发和释放生产资料的活力中推动生产力的发展。习近平总书记指出，发展新质生产力是推动高质量发展的内在要求和重要着力点，必须继续做好创新这篇大文章，推动新质生产力加快发展。新质生产力是实现高质量发展、推进中国式现代化的新动力。在生产力的各要素中，劳动者是最活跃的能动的要素。实现劳动者现代化是发展新质生产力的重要环节，是推动高质量发展、建成社会主义现代化强国的人才基础。

劳动者在生产力要素中起决定性作用。劳动者作为生产力的主体，始终处于主导地位，劳动工具、劳动对象只有与劳动者相结合才有了真正的生产实践，才能创造出丰裕的物质财富，不断促进社会生产力的提高。马克思指出，"整个所谓世界历史不外是人通过人的劳动而诞生的过程，是自然界对人来说的生成过程"。劳动者作为生产力的实践者，将生产力各要素融合起来，推动社会变革与发展。实现中华民族伟大复兴的中国梦要靠劳动者创造。广大劳动者通过生产性劳动和创造性劳动，推动社会进步和发展。习近平总书记指出，无论时代条件如何变化，我们始终都要崇尚劳动、尊重劳动者，始终重视发挥工人阶级和广大劳动群众的主力军作用。新质生产力作为实现中国式现代化、推动高质量发展的新动力，对劳动者提出了更高的要求。因此，要加快构建新发展格局，进一步培养知识型、技能型、创新型劳动者大军。

新质生产力以科技创新为内核，实现劳动者现代化能够助力技术革命性突破。进入新发展阶段以来，制约我国高质量发展的因素依然存在，在基础研究和关键核心技术等领域急需一批具有深厚专业知识和理论基础的高素质劳动者。任何科学技术都是劳动者的智慧结晶，其实践应用也需要劳动者发挥作用。实现劳动者现代化，就要打造具有推动技术进步、创新的能力和素质的新型劳动者队伍，包括培育能够创造新质生产力的战略人才和能够熟练掌握新质生产资料的应用型人才，从而在新一代信息技术、生物技术等领域占得先机。

劳动者现代化在实现生产要素创新性配置中起关键作用。生产要素是社会经济的最基本构成，随着社会的演进，我们把土地、劳动力、资本、技术、数据作为现代社会的基本生产要素。劳动者作为五个要素之中具有能动力的核心要素，实现劳动者现代化对于不断提升生产要素组合效率、提高全要素生产率至关重要。作为创新的主体，实现劳动现代化能够推动生产要素的创新型组合，并作为各种组合的实践者在实施过程中持续改进，优化生产要素配置。同时，在数字化、智能化时代发展新质生产力，会面临劳动对象虚拟化、信息化等问题，实现劳动者现代化，构建"数据＋劳动者""技术＋劳动者"

的生产要素组合具有更大的发展空间。

产业深度转型以劳动者现代化为前提。产业是生产力变革的具体表现形式，新质生产力以战略性新兴产业和未来产业为主要载体，这一过程通常涉及科技成果的生产与应用、产业的管理与优化。劳动者实现现代化过程中，要不断积累自身知识，通过基础技术、专业技术和相关技术的交互融合与创新，推动技术革命。同时，劳动者要通过掌握现代化的生产工具，直接参与到生产流程中，推动产业的持续发展和转型。除了技术的应用，劳动者还要参与到产业的管理与制度创新中，搭建新的组织形式和管理方式，帮助企业识别和应对转型过程中可能出现的问题。新质生产力符合新发展理念，是实现高质量发展的重要动力。劳动者现代化作为重要的一环，贯穿新质生产力发展的全过程，对于实现中华民族伟大复兴有重要作用。当前，应加快推动劳动者现代化，自觉在发展新质生产力的道路上奋勇前进、追求卓越，为中国式现代化作出应有的贡献。

（三）新质生产力推进人的交往变革

生产力发展对于人的发展的重要意义可以归结为：只有通过生产力的不断发展，才能够激发出自然和社会给人赋予的天赋潜能，实现人的需要和个性的丰富发展，在实践中创造出人同客观世界的丰富关系，从而不断推动人在现实世界中对自然界和社会联系的普遍占有，从必然王国逐步迈进自由王国。当然，人类社会先进生产力在很长的历史时期内与资本主义生产方式联系在一起，对人的发展造成了一定的阻碍和抑制。比如，资本主义创造的巨大社会财富分配不均导致不同民族的个体发展机会和条件存在巨大差距；普遍全面的经济联系让全球个体都在承受着异己的物化关系带来的风险，拜金主义、贪污腐败、享乐主义等导致了人性的扭曲；等等。这种脱离于人的生产力发展背离了其真实目的，因此，超越资本主义生产方式下的生产力发展，构建以人的发展为目的的新质生产力是历史发展的必然逻辑。

马克思认为"同他人直接交往的活动"[1]呈现的是人对自身生命的占有，人的交往活动直接关系着人的生命完整性和丰富性，人的自由个性正是在普遍充分的交往中形成的，交往形态的变化从侧面反映出人的发展状况。自工业革命以来，传统生产力条件下的分工将人的交往限制在相对狭隘的时空范围内，主体本身的交往仍然属于受制约的交往。新质生产力则为人的交往的世界化和普遍化创造了更多媒介，抖音、快手和微信等平台拥有数十亿在线用户，个体拥有极其多样化的交往对象。交往作为人的主体性活动历来都以现实的人作为交往对象，而新质生产力则实现了交往主体的变革，让智能机器成为人的交往对象，将人类交往活动从"人—人"交往拓展到"人—机"交往，实现了交往主体的重塑。华为、小米等智能语音以及各类数字平台的智能客服、服务机器人等在"智能算法＋数据＋叙事模型"的框架支撑下变得更具"人性"，能够满足人的特定服务需求。元宇宙技术能够生成主体的虚拟影像，让主体在平行于现实世界的场域交往，获取一种超现实交往经验。VR 和 AR 技术能够为人创造沉浸式的虚拟场景，打破人和机器交往的终端阻隔，让人能够在接近真实世界的场景中完成人机互动。这些现代化科技让人的交往对象不再是实体的、具身的，而是数字化的、拟人化的。特别是文心一言等人工智能实现了对自然语言、图像视频等的有效识别，可以和人进行高效的对话交流，让智能机器越来越成为一个合格的交往对象。这些都表明新质生产力正在借助于技术这个中介来对人的交往实践产生巨大影响。

新质生产力还尝试打破交往的自然生命限度，通过"人—机"交往来实现主体生存的时间自由。玛蒂娜在《虚拟人》中就提到借助软件来储存关于人的结构化信息文件以实现主体的思维克隆，这样就能够打造一个具备独立

---

[1]　马克思恩格斯文集：第一卷 [M]. 北京：人民出版社，2009：190.

意识和价值观的思维克隆人。这样的机器人是对生物人的数字重生，它在与人交往中能够完美呈现出生物人的情感、记忆、心理等，借助思考来完成自我进化。这样的科幻图景已经开始进入现实，比如近年来不少公司利用人工智能和 VR 技术"复活"逝世的人来和其他亲人在虚拟场景中实现重逢，实现了海德格尔所说的死者在遗留下来的人们中间共在此和还在此。类似的"人—机"交往已经无限接近于"人—人"交往，人和机器在交往中出现了齐一性，即机器被视为与人等同的真正交往主体。人在与机器进行具身交往时通常会以数据的形式进行，而机器在获取人的数据后进行处理并输出到现实世界，这就会反过来对人的生活世界进行定义和构建。马克思指出人是"以全部感觉在对象世界中肯定自己"，"人—机"交往作为一种全新的交往形态在不同程度上拓展和丰富了人的交往活动，这种交往实践会让人从观念和实践维度来重新理解和感知自身，打破了物理世界对人的交往活动的限制，正在创造着具有丰富的、全面而深刻的感觉的人。新质生产力条件下的"人—机"交往意味着每个主体都能获取实时在线的交往对象，智能机器让每个个体都成为交往的中心，在这个意义上，独立的个体摆脱了传统交往中可能的边缘地位，交往实践不再是从属于其他主体的依附性活动，个体可以自主构建更为多样性、普遍性和开放性的交往关系，在交往中不断强化自由自觉的个性。

唯物史观认为生产力发展史就是人的发展史，人类社会新的生产力的发展既要见"物"，更要见"人"。习近平总书记提出的新质生产力概念丰富和发展了马克思主义生产力理论，为中国式现代化推进中华民族伟大复兴提供了现实遵循，具有深厚而独特的理论意蕴和实践逻辑。立足于马克思主义人学视域，新质生产力是对作为实践主体的人的地位作用的确认。人作为生产力发展的主体，在发展自由自觉个性的动力驱动下，认识、掌握和运用生产力发展规律，在生产力发展中不断推动人类社会从必然王国迈向自由王国。资本主义制度虽然推动了生产力向前发展，但私有制却造成人在生产力发展中丧失主体能动性，沦为被资本逻辑所异化的人。与之相比，中国式现代化的优越性不仅在于能够解放和发展新质生产力，还在于确保了新质生产力能够服务于人民对美好生活的需要。正是中国式现代化为加快形成和发展新质生产力提供了制度基础和动力源泉，确保了人始终置于生产力发展的主体地位，赋予人更多自由发展的空间。面对百年未有之大变局，中国式现代化要以新质生产力来实现高质量发展，不断调适变革现代化生产方式和生产关系，进一步发挥新质生产力对人的发展的促进作用，为人类文明新形态向前发展提供实践动力。

结　论

本书通过"革命论—系统论—过程论—结构论—矛盾论—实践论—方法论—价值论"的形式和内容深入探讨了新质生产力。这八论详尽的解读不仅揭开了新质生产力的神秘面纱，还勾勒出一幅未来生产力变革的宏伟蓝图，这才使我们能够站在一个更为高远而深刻的视角上，作出一些更关乎新质生产力本质和未来的思考。这样的思考从八论中凝结而来，现以结论的形式呈现出来。

在强国建设、民族复兴的征途上，驱动高质量发展，推进中国式现代化，发展新质生产力既是创新命题也是改革命题。以高质量发展奋力推进中国式现代化、以中国式现代化全面推进中华民族伟大复兴是当前党和国家关注的核心议题，同时也是亿万中国人民的共同期盼与迫切需求。而这宏伟目标的实现，完全离不开新质生产力的强劲推动与关键支撑。新质生产力不但是实现高质量发展的新动力，也是推进中国式现代化的新动能。历史的车轮滚滚向前，回顾西方现代化的历史进程，西方国家的现代化均是奠基于生产力的不断发展之上。因此，中国式现代化也需要构筑起强大的物质生产力支撑。正如党的二十大报告强调的："没有坚实的物质技术基础，就不可能全面建成社会主义现代化强国。"但是，我国是现代化的"迟到者"，"追赶"二字是这百余年情状的真实写照，因此我们面临着工业化、城镇化、信息化和农业现代化"并联式"发展的复杂任务，这种发展模式在全球范围内都是前所未有的挑战；此外，中国式现代化有其自身国情和特征，基于巨大的人口规模，追求共同富裕、物质与精神文明相协调、绿色及和平发展，这与西方现代化的发展模式和路径选择区别显著。因此，我们必须发展新质生产力，为高质量发展注入强大的推动力，为推进中国式现代化注入强劲新动能，为全面推进强国建设、民族复兴伟业提供了动力支撑。

在人类文明新的十字路口，破解西方文明困境，开创人类文明新形态，推动中华民族现代文明的构建是新质生产力的重要使命。在这个时代，世界文明正处于一个加速发展的阶段，各种文明之间的交流、碰撞和融合变得前所未有的频繁和深入。世界的本质是物质，在文明的物质属性层面，马克思曾提出"文明的一切进步"即"社会生产力（也可以说劳动本身的生产力）的任何增长"的论断，把生产力直接看作是物质文明的产生和发展基础。此时，生产力主要是指一种由生产机器、交通工具以及科学技术等元素共同构成的物质性推动力量。西方现代文明是首先随着传统生产力发展起来的现代文明，而现在，以原创性、颠覆性技术突破为内核的新质生产力是开创人类文明新形态的重要力量。

当今社会，新质生产力这一先进生产力形态以其自身独特的优势不仅突破了西方工业文明的发展困境，而且开启了人类文明演进的新征程。习近平总书记曾强调："纵观世界文明史，人类先后经历了农业革命、工业革命、信息革命。每一次产业技术革命，都给人类生产生活带来巨大而深刻的影响。"[1]确实如此，随着每一次技术革命的浪潮，人类社会不仅在物质生产上实现了

---

[1]　中共中央党史和文献研究院编.习近平关于网络强国论述摘编[M].北京：中央文献出版社，2021：35.

飞跃，更在思想观念、社会结构乃至人与自然的关系上发生了根本性变革。新质生产力还以其强大的包容性和开放性，促进制度文明、精神文明等的发展。它打破了传统文明的界限和壁垒，推动了不同文化、不同民族之间的交流与融合，使得人类文明的多样性得到了更加充分的展现。这种文明交流互鉴的过程，不仅丰富了人类的精神世界，也为构建人类命运共同体奠定了坚实的基础。

在世界百年未有之大变局下，促进国际合作，推动全球可持续发展，助力于人类命运共同体建设是新质生产力的世界担当。新质生产力，是一具有划时代意义的先进生产力形态，既深深植根于中国，又广泛影响并惠及世界。在全球新一轮科技革命与产业变革的浪潮中，新质生产力作为"两个结合"这一重大理论创新的实践成果，以及中国式现代化道路的关键决策部署，其重要性越发凸显。它不仅是中国实现高质量发展、实现中国式现代化、实现中华民族伟大复兴的核心引擎，更是推动全球开放合作、互利共赢、共同繁荣，进而构建人类命运共同体的核心动力。

在当今全球化的时代背景下，尽管单边主义、保护主义及霸权主义的抬头为国际经贸合作带来了诸多挑战与障碍，但技术革新如同一股不可阻挡的洪流，持续为全球经济合作开辟新的航道，注入强劲动力。因此，当我们探讨新质生产力时，必须将其置于新技术特性与全球开放条件这一双重语境之下进行审视。新质生产力不仅是对传统生产力的超越与升级，更是技术革新与全球化深度融合的产物。它要求我们在推动生产力发展的同时，更加注重国际规则的制定与完善，促进全球治理体系的变革与创新，以更加开放包容的姿态参与全球经济合作与竞争，共同应对全球性挑战，推动构建人类命运共同体。

新质生产力作为驱动全球更高水平开放的核心力量，其技术根基深深植根于开放性之中，这种特性自然而然地赋予了新质生产力以开放性的标签。

新质生产力的全球传播与普及，不仅是全球开放格局不可或缺的一环，更是推动全球开放迈向新高度的关键动力。新质生产力是引领更高质量共同发展的核心引擎。其内在蕴含着对高质量发展的不懈追求，这一追求根植于坚实的发展基础之上，并终将转化为惠及全球的高质量发展成果。在开放的时代背景下，新质生产力所驱动的发展绝非单一国家的孤立演进，而是全球各国在相互依存的网络中携手共进的联动过程。面对日益严峻的全球性发展挑战，任何国家都无法置身事外，唯有通过国际合作，才能共克时艰，实现共同发展。这一趋势，正是新质生产力时代背景的必然反映，也是其内在要求的直接体现。新质生产力是促进更大范围国际合作的重要推手。在技术创新的浪潮中，当今时代的技术创新复杂度达到了前所未有的高度，技术创新链条将世界各国紧密相连，形成了一个不可分割的整体。在此背景下，任何国家都难以仅凭一己之力完成技术创新的全过程，国际合作成为不可或缺的要素。同时，新质生产力的有效发挥也离不开全球生产关系的调整与变革，这同样需要各国之间的紧密合作与协商。因此，与历史上的技术变革相比，新质生产力时代下的生产力发展更加依赖于国际合作的深化与拓展。新质生产力还是促进普惠包容经济全球化的关键力量。普惠包容既是经济全球化的重要目标，也是其持续前行的有力保障。新质生产力还是推动全球治理体系变革与完善的强大动力。新质生产力的发展，将为新兴市场和发展中国家提供更多与发达国家"并跑竞争"的机会，从而改变国际力量对比格局，促进国际关系的民主化与多元化。这不仅有助于提升广大新兴市场和发展中国家在全球治理中的话语权与影响力，也将推动全球治理体系朝着更加公正、合理的方向迈进。

后 记

　　"新质生产力"对我们而言，是一个有待以思想去介入、去探究、去耕耘的"新知领域"。正如习近平总书记所指出的，"新质生产力已经在实践中形成并展示出对高质量发展的强劲推动力、支撑力，需要我们从理论上进行总结、概括，用以指导新的发展实践"。《新质生产力论》的基本立意，就在于尝试从理论上对新质生产力进行总结、概括，把握新质生产力的深层本质、逻辑结构、时代价值，以更好推动新质生产力在实践中发展。

　　《新质生产力论》以八论的形式内容，试图对新质生产力做一个"全景理论描摹"。新质生产力革命论，确证新质生产力由技术革命性突破而催生，实现了对马克思主义生产力理论的重大术语创新；新质生产力系统论，揭示新质生产力是一个有机整体；新质生产力过程论，诠说新质生产力发展不是既成事物的集合体，而是过程的集合体；新质生产力结构论，剖析新质生产力的基本要素；新质生产力矛盾论，把握新质生产力同社会发展、多元产业、新型生产关系的适应协调问题；新质生产力实践论，说明发展新质生产力是一个重大的实践命题；新质生产力方法论，论证发展新质生产力基本方法；新质生产力价值论，挖掘新质生产力在引领高质量发展、推动中国式现代化、实现民族复兴中的作用效能。总之，本书力求深入而不是肤浅地、全面而不是零碎地把握新质生产力"这个崭新命题"，为以新质生产力支撑高质量发展、全面推进中国式现代化提供认识论和方法论启示。当然，受时间所限、精力所限，本书所探讨的八论，对于学界新质生产力的整体研究而言，在一定程度上仍然是研究之"绪论"。

在本书的撰著过程中，辽宁人民出版社编辑同志付出极大心力，李新宇、王海娇、宋海萌、王晓慧、邢波云、冯万强、李金珍、李晨、耿天宇参与其中、提供智慧。深以为谢。

我们注意到，当前关于新质生产力的研究成果还在进一步"思想涌出"的过程中，希望本书的出版对于学界深化研究新质生产力是有益的。

2024 年秋日于沈阳